英語が好きな子供を育てる

魔法のタスク
~小学校英語のために~

佐藤 一嘉・矢後 智子 編著

NUFS 英語教育シリーズ

名古屋外国語大学出版会
Nagoya University of Foreign Studies Press

はじめに

　2011年、小学校5・6年生を対象に週1回の外国語活動が導入されてから、6年以上が経過しました。この間、教科書「Hi, friends!」が開発され、英語指導ができる小学校の現職教員の研修、アシスタント・ランゲージ・ティーチャー（ALT）の活用、小・中学校の連携などさまざまな取り組みが実施されてきました。さらに文部科学省は、2017年2月に学習指導要領改訂案を発表し、2020年度から、3・4年生を対象に週1回の英語活動、5・6年生を対象に正規科目として、週2回の英語授業が開始されます。目標として、次の3点をあげています。

3つの目標

（1）外国語で「聞くこと」「読むこと」「話すこと」「書くこと」を通して、日本語と外国語の違いに気づき、コミュニケーションを図るための基礎的な技能を身につける。

（2）身近で簡単なことについて、自分の考えや気持ちを伝える基礎的な力を養う。

（3）外国語の背景にある文化に対する理解を深め、他者に配慮しながら主体的に外国語でコミュニケーションを図ろうとする態度を養う。

　これらの目標を達成するには、まず第1に英語指導のできる教員が必要です。第2に優れた教材の開発が求められます。

　しかしながら、現場の教員は多忙で英語指導ができる教員の数は限られており、ALTや日本人の講師に頼っているのが現状です。また、指導法についても、ドリルやリピート（繰り返し）が多く、タスクを使用した生徒同士のコミュニケーション活動はあまり見られません（Moser, Harris & Carle, 2010）。とくに教員養成について、小学校における外国語教育について研究してきたCurtain & Dahlberg（2003）は、指導力のある教員不足が最大の課題であると述べています。名古屋外国語大学 外国語学部 英語教育学科は2008年に設立され、中学校・高校の英語教員の育成とともに、小学校で英語指導ができる教員の育成を目指してきました。この本に収められたタスクは、これまで佐藤と矢後が指導してきた学生が作成したものです。彼らのほとんどは、現在、小学校教員として英語活動を指導しています。私たちは、これらのタスクを使うことで、生徒の基礎的なコミュニケーション能力を育てるという、新学習指導要領の目標を達成することができると確信しています。なお、それぞれのタスクのワークシート、絵カード等は、ホームページからダウンロードできます。自由に修正して活用していただければ幸いです。

http://www3.nufs.ac.jp/~yoshi/index.html

（ユーザー名：mahonotask パスワード：sato）　　　　　　　　2018年3月

名古屋外国語大学　外国語学部 英語教育学科
佐藤一嘉（教授）・矢後智子（講師）

本書の構成

　本書は、小学校の教員・英語を指導しているインストラクターの方が、英語授業の指導を円滑に進めていただくための、本として作成されたものです。なお、本書には３つの特徴があります。

３つの特徴

（１）最新の外国語教授法（タスク・ベース・ティーチング）に基づき、４技能（聴く・読む・話す・書く）の指導法を学んで、授業案を作成できます。

（２）文部科学省の新学習指導要領に対応しています。

（３）授業評価の仕方と、評価基準について学ぶことができます。

以下に、本書の構成を示します。

第１章　タスク・ベースの外国語教授法のポイントとなる「タスクの定義」「コミュニケーション能力の定義」「タスク・ベースの外国教授法」「児童を対象にしたタスク」について紹介しています。

第２章　タスクを使用した、小学校英語教授法の具体的な例「６つのタスク（Song task・Listening task・Speaking task・Reading task・Writing task・Story telling task）」「授業計画（Making a lesson plan）」「授業評価（Assessment）」について紹介しています。

第３章　英語授業でそのまま使用できる、タスクのワークシートをまとめました。指定のホームページからデータをダウンロードすることもできます。

第４章　タスクを使った単元案です。タスクを組み込んだ４時間の授業展開です。小学校でよく行われる簡単な活動といっしょにタスクを行うようになっています。指定のホームページでは、他のタスクを使った単元案を見ることができます。

英語が好きな子供を育てる
魔法のタスク
~小学校英語のために~

はじめに‥‥‥‥1   本書の構成‥‥‥‥2   目次‥‥‥‥3

第1章　タスク・ベースの外国語教授法

1．タスクの定義 ・・・・・・・・・・・・・・・・・・・・・・・・・・・・・・ 8

2．コミュニケーション能力の定義 ・・・・・・・・・・・・・・・・・・ 8

3．タスク・ベースの外国語教授法 ・・・・・・・・・・・・・・・・ 10

4．児童を対象にしたタスク ・・・・・・・・・・・・・・・・・・・・・ 11

第2章　小学校英語教授法

教授法　**Song task** ・・・・・・・・・・・・・・・・・・・・・・・・・・ 14

教授法　**Listening task** ・・・・・・・・・・・・・・・・・・・・・・・ 19

教授法　**Speaking task** ・・・・・・・・・・・・・・・・・・・・・・・ 22

教授法　**Reading task** ・・・・・・・・・・・・・・・・・・・・・・・・ 27

教授法　**Writing task** ・・・・・・・・・・・・・・・・・・・・・・・・・ 30

教授法　**Story telling task** ・・・・・・・・・・・・・・・・・・・・・ 32

授業計画　**Making a Lesson Plan** ・・・・・・・・・・・・・・・ 40

授業計画　**Assessment** ・・・・・・・・・・・・・・・・・・・・・・・ 43

第3章　授業で使えるタスクのワークシート

タスクの使い方・読み方 ・・ 46

単元「色と形」

タスク1 色と形① 〜ステレオゲーム〜 ・・・・・・・・・・・・・・・・・・・・・・・・・・・・・・・ 49

タスク2 色と形② 〜かるたゲーム〜 ・・・・・・・・・・・・・・・・・・・・・・・・・・・・・・・・・・ 51

タスク3 色と形③ 〜 Can you touch? ゲーム〜 ・・・・・・・・・・・・・・・・・・・・・・・ 53

準備するもの ・・・ 55

単元「Birthday」

タスク1 Birthday ① 〜12 months を歌おう〜 ・・・・・・・・・・・・・・・・・・・・・・・ 59

タスク2 Birthday ② 〜友達の誕生日を聞こう〜 ・・・・・・・・・・・・・・・・・・・・・・ 61

タスク3 Birthday ③ 〜バースデートレインをつくろう〜 ・・・・・・・・・・・・・・・・ 63

準備するもの ・・・ 65

単元「オリジナルシチュー」

タスク1 オリジナルシチュー① 〜神経衰弱〜 ・・・・・・・・・・・・・・・・・・・・・・・・・・ 69

タスク2 オリジナルシチュー② 〜インタビューゲーム〜 ・・・・・・・・・・・・・・・・・ 71

タスク3 オリジナルシチュー③ 〜ショッピングゲーム〜 ・・・・・・・・・・・・・・・・・ 73

タスク4 オリジナルシチュー④ 〜 Show & Tell 〜 ・・・・・・・・・・・・・・・・・・・・ 75

準備するもの ・・・ 77

単元「できることを紹介しよう」

タスク1 できることを紹介しよう① 〜 Touch and Go 〜 ・・・・・・・・・・・・・・・ 83

タスク2 できることを紹介しよう② 〜 Walking BINGO!! 〜 ・・・・・・・・・・・・ 85

タスク3 できることを紹介しよう③ 〜 Let's find friend's ROBOT 〜 ・・・・・ 87

準備するもの ・・・ 89

単元「オリジナルスノーマンを作ろう」

タスク1 オリジナルスノーマンを作ろう① ～ Make a Snowman ～ ・・・・・・・・・・・・・・・・ 93

タスク2 オリジナルスノーマンを作ろう② ～ジェスチャーゲーム～ ・・・・・・・・・・・・・・・・ 95

タスク3 オリジナルスノーマンを作ろう③ ～ジェスチャーを考えよう～ ・・・・・・・・・・・・・ 97

タスク4 オリジナルスノーマンを作ろう④ ～オリジナルストーリーを発表しよう～ ・・・・・・・・ 99

準備するもの ・・・ 100

単元「私は・・・になりたい」

タスク1 私は・・・になりたい① ～将来の夢～ ・・・・・・・・・・・・・・・・・・・・・・・・・・・・・ 103

タスク2 私は・・・になりたい② ～仲間を探そう！～ ・・・・・・・・・・・・・・・・・・・・・・・・ 105

タスク3 私は・・・になりたい③ ～こんな人になりたいの！～ ・・・・・・・・・・・・・・・・・・・ 107

準備するもの ・・・ 109

単元「クリスマスを楽しもう」

タスク1 クリスマスを楽しもう① ～サンタじゃんけん・色をそろえようゲーム～ ・・・・・・・・ 113

タスク2 クリスマスを楽しもう② ～マッチングゲーム・Word Search ～ ・・・・・・・・・・・・・ 115

タスク3 クリスマスを楽しもう③ ～インタビューゲーム～ ・・・・・・・・・・・・・・・・・・・・ 117

タスク4 クリスマスを楽しもう④ ～サンタさんへ手紙を書こう！～ ・・・・・・・・・・・・・・・ 119

準備するもの ・・・ 121

単元「観光案内をしよう」

タスク1 観光案内をしよう① ～インフォメーションギャップ～ ・・・・・・・・・・・・・・・・・・ 127

タスク2 観光案内をしよう② ～かるたゲーム～ ・・・・・・・・・・・・・・・・・・・・・・・・・・・ 129

タスク3 観光案内をしよう③ ～パンフレット作り～ ・・・・・・・・・・・・・・・・・・・・・・・・ 131

タスク4 観光案内をしよう④ ～観光案内ゲーム～ ・・・・・・・・・・・・・・・・・・・・・・・・・ 133

タスク5 観光案内をしよう⑤ ～スピーキングテスト～ ・・・・・・・・・・・・・・・・・・・・・・ 135

準備するもの ・・・ 136

第4章　授業プラン ・・・・・・・・・・・・・・・・・・・・・・・・・・ 152

参考文献・出典 ・・・・・・・・・・・・・・・・・・・・・・・・・・・ 156

第 1 章

タスク・ベースの
外国語教授法

1．タスクの定義

　タスクとは何でしょうか？ 定義について、Willis（1996）および Ellis（2008）は、次のように述べています。

Task is "a goal-oriented communicative activity with a specific outcome, where the emphasis is on exchanging meanings not producing specific language forms" (Willis, 1996, p. 23).

"A task is a language-teaching activity where meaning is primary, there is some kind of gap, students are required to use their own linguistic resources, and there is an outcome other than the display of language for its own sake" (Ellis, 2008, p. 981).

　つまり、タスクとは、意味のやり取り（コミュニケーション）を通して、目的を達成する（成果）コミュニカティブな活動です。したがって、意味のない言語形式のドリル（練習）であってはいけません。

2．コミュニケーション能力の定義

　タスクを通して、生徒はコミュニケーション能力を伸ばすことができます。
　それでは、コミュニケーション能力とはなんでしょうか？ Canale & Swain（1980）および Savignon（1997）の定義によると、コミュニケーション能力には、grammatical competence（文法能力）、sociolinguistic competence（社会言語能力）、discourse competence（談話能力）、strategic competence（方略的能力）の４つの要素が含まれます。以下、Savignon（1997）および草野、佐藤＆田中、（2016）を基に、それぞれの能力について説明します。

４つの要素

（1）文法能力
言語能力であり、言語の語彙的、形態的、統語的そして音韻的な特徴を認識し、それらの特徴を使って表現や文を形成する能力。

（2）談話能力
テクスト理解能力であり、個々の文章の解釈ではなく、意味のある全体を形成するために繋がった一連の文や発話を扱う能力。

（3）社会言語能力
社会的コンテクスト（参加者の役割、共有される情報、インタラクションの機能）を理解し、適切に言語を使用する能力。

（4）方略的能力
言い換え、婉曲法、繰り返し、躊躇、回避、推測などコミュニケーションを持続させるためにストラテジーを使用する能力。

また、これらの能力は、バラバラではなく、互いに影響し合う統合的な能力であることも忘れてはいけません（Savignon, 1997；草野、佐藤＆田中、2016）。この点について、Savignon（1997）は次のように述べています。

> "Communication is the expression, interpretation, and negotiation of meaning; and communicative competence is always context specific, requiring the simultaneous, integrated use of grammatical competence, discourse competence, sociolinguistic competence, and strategic competence" (p. 225).

　とくに大切な点は、図1が示すように、初心者にとっては、文法能力や談話能力よりも、方略的能力が大切なことです。したがって、教師は会話につまづいた時や円滑にするために使用するcommunication strategies（Pardon? How about you? Oh, really? I see. Sounds great! What do you say... in English? など）やクラスルーム・イングリッシュを導入することが重要です。

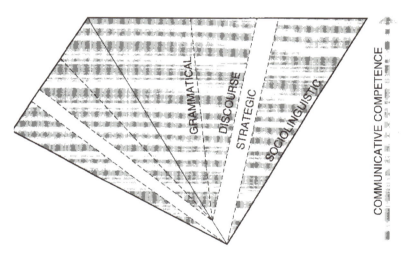

図1　The components of communicative competence (Savignon, 1997, p. 49)

3．タスク・ベースの外国語教授法
　　（Task-Based Language Teaching: TBLT）

　タスク・ベースの外国語教授法（以下、TBLT）について、Brown（2007）は次のように述べています。

> "One of the most prominent perspectives within the CLT framework is Task-Based Language Teaching (TBLT)… TBLT is at the very heart of CLT" (p. 50).

　つまり、TBLTは、学習者のコミュニケーション能力の伸長を目的とするCLT（Communicative Language Teaching）を具体化した指導法の1つです。それでは、具体的にどのように指導したらいいのでしょうか？ Willis（1996）は、TBLTのframeworkを次のように3段階で示しています（図2）。

第1段階　Pre-task
・トピックの導入
・語彙や表現の導入（インプット）
・タスクの目的とやり方の明示

第2段階　Task cycle
・ペアやグループでタスク活動
　（アウトプット）
・活動の内容をクラスにレポート

第3段階　Language focus
・語彙や表現の練習（ドリル）
・教師のフィードバック

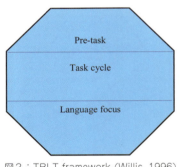

図2：TBLT framework (Willis, 1996)

　例として、"What's your favorite color?" タスク（45分授業）の流れを考えてみます。初めに、Pre-taskで、教師は、色カードをいくつか提示して、"This is red" "This is yellow" "This is black" と言います。その後、赤色のカードを見せて、"My favorite color is red." と言います。次に、色カードを提示して単語の導入と発音練習をします。生徒が色の単語を言えるようになったら、何人かの生徒に "What's your favorite color?" と聞いて、質問の意味を理解させます。最後に、フルーツバスケット（タスク）の準備として、椅子を円形に並べて、生徒に1人ずつに、首にかけることができる色カードのタグを配布して、ルールを確認します。時間は10〜15分が目安になります。

Task cycle では、生徒にできるだけ言語使用をする機会を与えます。したがって、教師の役割は、facilitator（観察して言語使用を促す）であることが望まれます。初めは、教師が円の真ん中に立ちます。手を叩きながら、生徒たちに、"What's your favorite color?" と言わせて、"My favorite color is red." と答えます。そして、赤色のカードを首にかけている生徒に移動させます。2、3回モデルを示したら、生徒を真ん中に立たせて、フルーツバスケット（タスク）を開始します。時間は20〜25分が目安になります。タスクによっては、終了後、教師がいくつかのペアやグループに活動の内容をレポートさせます（とくに高学年）。

　最後に Language focus では、教師がフィードバックを与え、必要な練習をします。たとえば、発音が難しい単語の練習や表現の確認をします。さらに時間があれば、文字の練習をします。時間は5〜10分が目安になります。

4．児童を対象にしたタスク

小学校1、2年生を対象に英語でタスクをさせることは可能でしょうか。
Willis（1996）は、タスクが初心者の児童を対象にしても、成功する理由を次のように述べています。

> "Tasks provide opportunities for learners to listen to and participate in meaning-focused interactions from the very beginning, helping them to acquire the new language more naturally" (p. 118).

　つまり、初めから、児童は意味のあるインタラクションを聞いて、参加することができるので、自然に新しい言語を習得することができます。とくに、児童にタスクを導入する上で大切な点として、リラックスできるクラスの雰囲気をつくり、言語習得に必要なインプットとアウトプットの機会を保証しながら、徐々に自信をつけさせてあげることが大切です。

> · establishing a relaxed, anxiety-free atmosphere in the classroom;
> · providing a lot of exposure that learners can make approximate sense of;
> · building on what they know, but without expecting perfection;
> · not forcing them to speak at first if they prefer not to;
> · reassuring them of their progress, and generally boosting their confidence. (p. 118)

　さらに、TBLT の framework に関しては、Pre-task においてインプットをよりたくさん与えること、長いタスクを1つやるより短いタスクを複数やること、タスクの後のレポート（クラスでの発表）を省略すること、Language focus を省略することを挙げています。具体的なタスクの例は、次のとおりです。

タスクの例

（1）**Listing:**
brainstorming, memory games
（写真を見せて内容について質問するなど）

（2）**Ordering and soring:**
classifying（単語のグループ分け、仲間はずれの単語探しなど）、
sequencing（単語のスペルの並べ替え、"What's missing？"など）、
collecting sets（家族のメンバー集めなど）

（3）**Comparing:**
matching（単語と絵カード、"Simon says"など）、
identifying（"Listen and do"ビンゴなど）

（4）**Problem solving:**
puzzles（クイズ、"True or not true"など）、
guessing games（"Mystery objects"など）

（5）**Surveys:**
make a class telephone number list、find out whether your partner's family has more girls and women than boys and men、find out favorite animals/sports/food.

最後に、Willis（1996）は次のように述べています。

"Those who have previously failed to learn a language when taught through other methods may well find that they succeed when following a task-based approach" (p. 131).

　これまでの指導方法でうまくいかなった児童たちも、タスク・ベースの外国語教授法で学べば、外国語学習に成功します。次の第2章から、タスクを使用した小学校英語教授法について、具体的な例を挙げながら紹介します。

第 2 章

小学校英語教授法

Song task

　子どもたちは、歌やチャンツ（リズミカルな発声）など、リズムのあるものが好きで、繰りかえし口ずさむことを好みます。また、リズムに乗りながら身体を動かすことも好きです。身体を動かしながら、何度も聞き繰りかえし歌うことは、子どもたちにとって楽しいだけではなく、外国語学習においても重要な役割を果たしています。

1．なぜ歌やチャンツを使うのか？

　Sarah Phillips（2001）は、次のように述べています。

> "Music and rhythm make it easier to imitate and remember language than words which are 'just' spoken – if you teach children a song, it somehow 'sticks'." (p. 94)

　音楽やリズムは頭や身体にしみつき、言葉や文章を簡単に覚える助けになります。また歌やチャンツは、児童が楽しく活動できるだけではなく、英語特有の音・リズム・アクセント・イントネーションなどに自然に慣れ親しむことができます。英語の語彙や文法構造に慣れ親しみながら、それらを無意識に身につけることも、効果の１つです。手遊びや身体を動かす歌やチャンツは、その動きが歌詞と結びついているものが多く、身体を動かし歌うことで、言葉の意味を理解することができます。英語圏の伝承的な歌やチャンツを歌うことで、外国語や異文化に触れる機会にもなります。グループやクラス全体で歌えば、歌が苦手な児童も参加しやすい雰囲気作りになり、全員が参加することで、協力しあう力も育てることができます。また、チャンツは、歌を積極的に歌わなくなった高学年の児童にも向いています。

2．歌やチャンツのタイプ

　歌やチャンツには、マザーグースの歌を代表としたネイティブの子どもが歌う歌や、英語学習教材として作られた歌などがあります。ネイティブの子ども用の歌を、英語学習教材として使いやすいようにアレンジしたものもあります。

　内容を見てみると、物語歌、言葉を楽しむ歌、会話になっている歌や、手遊び歌、身体を動かしながら歌う歌などがあります。歌の歌詞をお話にした絵本も、たくさん出版されています。（第２章 Story telling task を参照）

　これらの歌は、CD や DVD が発売されているだけでなく、最近では YouTube などで簡単

Song task

に見聞きできるものもたくさんあります。CD に付属する歌の本には、歌詞だけではなく、手遊びの方法や、その歌を使った活動のアイデアが載っているものもあります。YouTube などの動画は、歌の内容が映像で理解できる、たいへん便利な教材の 1 つですので、上手に利用するとよいでしょう。

3．歌やチャンツの選び方

歌やチャンツの選び方について、Slattery & Willis（2002）は次のように述べています。

> "A song or rhyme should
> · suit your pupil's age group and their interests
> · match their level of English
> · have a catchy, easy to remember melody." (P. 45)

リズムのある活動は、子どもにとってそれだけで楽しいものですが、子どもの発達段階、興味・関心、英語のレベルに合った歌やチャンツを適切に選ぶことで、学習効果をさらに高めます。
以下のポイントから、歌やチャンツを選んでみてください。

> ・児童の興味や関心に合わせたトピックのもの
> ・学習中のトピックに関連したもの
> ・覚えやすいメロディーや、児童の知っている歌の替え歌になっているもの
> ・児童の英語のレベルに合ったもの
> ・教師が歌えるもの

4．いつ、どのように歌やチャンツを利用するのか？

いつ利用するのか？

歌やチャンツは、授業の様々な場面で取り入れることができます。

> ・授業の始まりや終わりに歌う
> ・すでに習ったことの復習として歌う
> ・歌や手遊び・動作を楽しむ
> ・劇や絵本のお話のなかで歌う
> ・活動に変化をつけたいときに歌う

・創作活動中の BGM としてかける
・目標言語の習得や練習として歌う

　授業の始まりや終わりに、クラスルーム・ルーティーンとして、歌を取り入れることができます。あいさつの歌や天気の歌などを、毎回の授業の始めや終わりに取り入れることで、教師も児童も英語モードへの気持ちの切り替えになります。

　歌や手遊び・動作を楽しむために、歌を授業に取り入れるのは、低学年の児童に適しています。身体を動かしながら歌い、英語の音やリズムに、無意識のうちに慣れていくことができるからです。ネイティブの子ども用の歌のばあい、子どもが歌詞をぜんぶは歌えないことがあります。しかし、聞こえた部分だけを歌う、ジェスチャーをする、などの方法で歌に参加することができるので、すべて歌えなくても、無理に歌わせることのないようにしましょう。
　たとえば、児童もよく知っている「幸せなら手をたたこう」の英語版 "If you are happy" のオリジナルソングは、子どもが完璧に歌うのは難しいのですが、聞こえた言葉だけ言う（happy, clap your hands など）、ジェスチャーなどにより、楽しく活動できます。

オリジナルソング

"If you are happy"（幸せなら手をたたこう）

If you're happy and you know it,
Clap your hands.
If you're happy and you know it,
Clap your hands.

If you're happy and you know it,
Then your face will surely show it.
If you're happy and you know it,
Clap your hands.

（出典　Wee Sing—Children's Songs and Fingerplays）

　また、次の歌のように英語学習教材としてアレンジしたものは、日本人の子どもたちにも歌いやすく歌詞を変えてあるので、それを利用するのもいいでしょう。

アレンジした英語学習教材

"If you are happy"（幸せなら手をたたこう）

If you are happy happy happy,
Clap your hands.
If you are happy happy happy,
Clap your hands.

If you are happy happy happy,
Clap your hands, clap your hands.
If you're happy happy happy,
Clap your hands.

（出典　Super Simple Songs）

Song task

　目標言語を習得するためにも、歌やチャンツはよく利用されます。歌やチャンツを歌うことにより、英語を固まりで覚えることができるので、語彙の習得だけでなく、フレーズや文章の習得にも効果的です。

　低学年では、手遊び・動作を楽しみながら、目標の語彙に慣れ親しみ、覚えていく場面が多いでしょう。たとえば、身体の部位や色、数字などの基本的なトピックを学習するさいに、"Head Shoulders, Knees and Toes" "Rainbow Song" "One little finger（songs and Chants より）"などの歌を、身体を動かしながら繰り返し歌い、単語を習得していきます。また、絵本 "From Head to Toe" を使った活動では、身体の部位の語彙に慣れ親しむために、"One little finger"（Songs and Chants より）や "The Shoulder Song"（Jazz Chants for children より）などの歌を取り入れることができます。お話にでてくる単語（このばあいは身体の部位）とその意味を、身体を動かしながら楽しく学んでいきます。

　中学年や高学年では、目標の表現を使った歌やチャンツを歌うことで、目標の表現を丸ごと覚えて使えるようになります。歌やチャンツが会話形式になっているばあいは、クラスを2グループに分けて会話しながら歌うと、歌っている言葉の意味の理解につながります。

　劇や絵本の読み聞かせのなかで、お話の内容に関連した歌を歌うのもお薦めです。小学校の学芸会で、児童が歌を歌う場面はたくさん見られます。また、絵本の読み聞かせでも、歌を歌うことができます。エリック・カールの絵本 "The Very Hungry Caterpillar" では、お話の中に、曜日（Monday, Tuesday... Sunday）や週（week）という単語が出てくるので、"...He stayed inside the cocoon more that two weeks….." という場面で "The Days of the Week" の歌を歌い、two weeks の意味を楽しく理解させることができます。同じエリック・カールの絵本 "Today is Monday" は、お話が歌になっているので、児童もいっしょに歌うことができます。

　クリスマスやハロウィーンの時期に、カードや教室内の装飾などを作る創作活動を行うことがあります。そのときの BGM として、児童が授業で歌っている歌や、トピックに関連した歌をかけると、より楽しい雰囲気で活動を進めることができます。

どのように歌うのか？

歌やチャンツの活動を行うさいには、次の順番で活動を進めると効果的です。

> ①歌やチャンツを聞かせる。
> ②ジェスチャー、絵カード、絵本などを使って歌詞の意味を伝える。
> ③「聞こえた英語は何？」「何の歌？」「どんな意味？」などと質問しながら、繰りかえし聞く機会を与える。
> ④児童はジェスチャーで歌に参加し、聞こえた部分を歌ってみる。
> ⑤少しずつ歌える部分を増やす。

歌い方は、歌やチャンツの利用目的によって異なります。目標言語の習得のために歌を利用するのであれば、すべてを歌えるようになるまで繰りかえし聴き、歌います。楽しむために歌を利用するのであれば、聞こえた部分だけ歌ってもよいでしょう。後はジェスチャーなどで楽しく歌に参加することができます。

手遊び・動作以外にも、会話風にかけあいで歌う、輪唱で歌う、歌詞の一部を歌わないでジェスチャーに代えて歌う、替え歌にして歌うなどして、さまざまな歌い方にアレンジすることにより、何回でも楽しく歌うことができます。

また、CDに合わせて歌うばあいにも、教師はあらかじめ、歌やチャンツを歌えるようにしておきます。CDを使わず教師が歌うことのよい点は、子どもの声の高さや歌い方に合わせて、音の高さや歌のスピードを変えることができたり、途中から歌うことができることなどです。ただし、CDにはリズムのよい伴奏つきの歌もあるので、上手に使い分けるといいでしょう。オリジナルのチャンツを行うときには、オルガンにあるリズムボックスを利用すると、リズムよくチャンツを行うことができます。オリジナルの歌やチャンツを作るばあい、また替え歌を作るばあいには、英語のリズムやイントネーションなどを崩さないことが大切です。

 具体例

> 単元「Birthday」（P.59〜）で、月の英語での言い方に慣れ親しむためにタスク1では、"The Months of the Year" を歌います。またタスク2では、誕生日を尋ねたり答えたりする活動を行う前に、目標言語 "When's your birthday? - My birthday is 〜." をチャンツで練習しています。

Listening task

　子どもたちが母語を習得する過程では、母親をはじめとする、まわりにいる人たちの言葉をたくさん聞いて理解するようになり、やがてそれに動作や言葉で応えるようになります。Phillips（2001）は、次のように述べています。

> It's almost always true that language learners understand more than they can say and when children learn their first language they respond to language long before they learn to speak. Second language learners also have a 'silent period' in which they listen to the language around them, internalize it, and formulate their own personal grammar, which they adapt and expand as they are exposed to more language. (p. 15)

　要するに、子どもが言葉を身につける第一歩は、相手の話していることを聞いて理解することです。この"silent period（沈黙の時期）"に、子どもの頭のなかでは、言葉を話すための準備が行われているのです。言葉を話さないのは、言葉を理解していないということではないのです。

　また、子どもは聞いた音をマネするのがとても上手です。「英語の音楽CDをかけておいたら何曲も丸ごと覚えてしまった」、という話を聞くことがよくあります。小さい子どもたちは、聞いた音を気にせずに、口に出すこともできます。たくさんの英語の音を聞くことが、その後の子どもたちの自然な発話につながって行きます。

1．Listening 活動を行うときのポイント

　子どもは言葉を、それらが使われている状況から理解します。どんな状況で、話し手がどんな表情で、どんな声、どんな動作をしながら話しているのか、五感を働かせて、言葉の意味を理解します。ですから、その言葉が使われる本物の状況を設定することが大切です。視覚的なサポートはとくに欠かせません。ジェスチャーなどの動作、絵カード、実物など、子どもが見て理解できるものできるものを使って、言葉の理解を助けましょう。

　「よくわからないけど、先生はこういうふうに言っているのかな？」と想像力を働かせ、あいまいさにも耐える力をつけていくことが、この先に続いていく長い英語の学習には必要です。こうした点が、「方略的能力」と呼ばれる技能なのです。

　Listening 活動を行うときには、子どもが理解しているかどうかを、"Do you understand?"と尋ねるのではなく、子どもの表情から判断するようにします。また1人で活動をするのが難しい子どももいるので、1人だけでなく、ペア活動、グループ活動など、子ども同士が学びあえるような状況を設定することも大切です。

2．Listening 活動のタイプと活動を行うときの留意点

Listening 活動には、次のようなタイプの活動があります。

Listening 活動のタイプ

- Listen to Teacher's English（教師の英語を聞く）
- Listen and Do（聞いて行動する）
- Listen and Make（聞いて作業する）
- Listen to Stories（物語のお話を聞く）

Listen to Teacher's English（教師の英語を聞く）

　教室以外の生活の場で、英語にふれることの少ない日本の子どもには、教師の話す英語も大切なインプットとなります。クラスルーム・イングリッシュ〈教室英語〉は、その言葉がじっさいに使われる状況で使用されるので、理解がしやすく、子どもにとっては「本物の状況」で使われている「生きた言葉」なのです。

　クラスルーム・イングリッシュを使うさいは、simple, short, clear を心がけ、5語以内のわかりやすい文章表現を使うように気をつけましょう。ジェスチャーなどの視覚的なサポートによって理解を助け、やがてリスニング力の発達にともない、少しずつジェスチャーなしで理解できるようになるのが望ましい過程です。また、同じ表現を繰りかえし使うことで、インプットの量が増え、児童の理解を早めます。クラスルーム・イングリッシュの使用だけでなく、積極的に子どもたちとコミュニケーションをとることも、子どもたちのリスニング力を高めるために効果的です。

Listen and Do Activity（英語を聞いて動作する活動）

　聞いた内容を理解していることを、動作で表現する活動のことです。Listen and Respond（英語を聞いて反応する活動）や、Listen and Move（英語を聞いて動く活動）などがあります。

　Listen and Respond（英語を聞いて反応する活動）には、英語を聞いてカードを指差すゲーム〈指差しゲーム〉、カードを取るゲーム〈かるたゲーム〉、カードを順番に並べるゲーム、ビンゴゲーム、また小学校の外国語活動の教材 "Hi friends!" にある、おはじきゲームやキーワードゲームなどがあります。

Listening task

　また、少し発展して、True or False Quiz（合ってる、まちがってるクイズ）のように、聞いた内容が正しいかちがっているかを考えて答える活動もあります。

　Listen and Move（英語を聞いて動作をする活動）には、TPR 活動や Simon Says のような、英語での指示を動作で表現する活動などがあります。

Listen and Make Activity（英語を聞いて物を作る活動）

　英語での指示を聞きながら物を作る活動も、子どもの大切な Listening 活動の１つです。この活動には、Listen and Make（物を作る）、Listen and Color（色を塗る）、Listen and Draw（絵を描く）などがあります。

　母の日・父の日のカード作り、たなばた飾り作り、クリスマスカード作り、クリスマスの教室用の装飾作り、自分の好きな動物に好きな色を塗る活動、絵の具を使って色を混ぜ、何色できるか見つける活動など、さまざまな創作活動を、英語の指示を聞きながら行うことができます。物を作る活動ですが、工作となってしまわないように、しっかりとリスニングの場を考えてください。

具体例

　　単元「オリジナルスノーマンを作ろう」（P.93〜）のタスク１で、教師の指示を聞きながら、自分だけのオリジナルスノーマンを作ります。その後のタスク３とタスク４では、タスク１で作ったスノーマンを使って、オリジナルのストーリーを作ります。

　上記以外の Listen to Stories（お話を聞く）や Songs and Chants（歌やチャンツ）も、リスニングの大切な活動の１つです。これらの活動の詳細については、それぞれ第２章 Song task と Story telling task をご覧ください。

　なお、上にあげた TPR とは、Total Physical Response つまり全身反応教授法のことです。教師の英語の指示を聞き、学習者はそれを動作で表現します。初期の段階の学習者に適した教授法ですが、学習を進めるにしたがって、学習者が指示を出すことも可能になります。

Speaking task

　リスニング力とスピーキング力は、子どもたちのなかで、ともに成長します。コミュニケーションをとるうえで、どちらも欠かせないものです。
　Phillips（2001）は、次のように述べています。

> "Teaching children to speak a foreign language can be very rewarding, as they are less self-conscious than older learners. Children love to have little conversations, sing songs, and learn short phrases, and it is easier for them to attain native – like pronunciation."

　小さい子どもは、恥ずかしがらずに、聞こえた言葉を口にすることができます。母語のスピーキングは、比較的簡単に身についてきているので、英語でも同じように話したいという気持ちがあります。その半面、英語で話すのは、児童にとって、とても難しいことです。その気持のギャップを、サポートしていくことが大切です。

1. Speaking 活動を行うときのポイント

　数や色などの基本的なトピックから、徐々に児童の興味や関心のあるトピック、教科に関連したトピックを扱っていきます。Listening 活動をしっかりと行った後に、簡単な活動からスタートするとよいでしょう。また、子どもたちはリズムによく反応するので、歌やチャンツを使って単語やフレーズ、文章の練習をするのも効果的です。
　教師の後について、単純に繰りかえして言うドリル的な活動から、自分の気持ちを表現できる活動に発展させていくと、児童のスムーズなスピーキングにつながります。Scott & Ytreberg（1990）は、Speaking 活動について次のように述べています。

> What is important with beginners is finding the balance between providing language through controlled and guided activities and at the same time letting them enjoy natural talk.... Controlled practice goes hand in hand with presentation since it is important that pupils try our new language as soon as they have heard it. (p. 37) Guided practice usually gives the pupils some sort of choice, but the choice of language is limited. (p. 38)

　教師が与えたものを繰りかえし言う活動も必要ですが、言葉を選んで話す活動は、自分の言

Speaking task

葉で自分の考えを伝える楽しさや嬉しさを感じることができます。話すことへの動機づけにつながっていくので、初期の段階からでもバランスよく、取り入れていきたいものです。また、児童が恥ずかしいと感じることがないように、自由で楽しい雰囲気をつくることも大切です。自信を持って話せるようにクラス全体で言う、グループで言う、ペアで言う、個人で言う活動へと、活動の形態を変化させていきましょう。スピーキングの準備ができてない児童には、無理に言わせない配慮も必要です。

2．Speaking 活動のタイプと活動を行うときの留意点

Speaking 活動には、次のようなタイプの活動があります。

Speaking 活動のタイプ

- Speak classroom English and set phrases（教室英語・定型表現を話す）
- Songs and Chants（歌やチャンツ）
- Games（ゲーム）
- Role play（ロールプレイ）
- Play（劇）
- Survey（調査）
- Show & Tell（発表活動）

Speak classroom English and set phrases（教室英語・定型表現を話す）

クラスルーム・イングリッシュ〈教室英語〉を含めた定型表現を教えることで、英語を学びはじめて間もない子どもたちも、英語を話す機会が増えます。

定型表現には、クラスルーム・イングリッシュ、簡単なあいさつ、社交英語、決まり文句、許可を求める表現、コミュニケーション・ストラテジーなどが含まれます。これらの表現は、子どもが丸ごと覚えて使うことができるので、英語を話す機会が増えるだけでなく、英語を話しているという自信、さらにはもっと話したいという意欲にもつながります。

定型表現の例

簡単なあいさつ［Hello. Good morning. Bye. See you.］
社交英語［How are you? – I'm good. Have a good weekend.］
決まり文句［Here you are. Thank you. You are welcome.］

クラスルーム・イングリッシュ［**Are you ready? Yes, I'm ready. Not yet.**］
許可を求める英語［**〜, please. Can I have a paper? May I go to the toilet?**］
コミュニケーション・ストラテジー［**Let me see. I see. Pardon? Please say it again.**］

Songs and Chants（歌やチャンツ）

　歌やチャンツは、クラス全体、グループやペアで活動することができ、楽しみながら無意識のうちにスピーキングの練習ができます（詳しくは第2章 Song task をご覧ください）。

Games（ゲーム）

　Phillips（2001）は、次のように述べています。

Games in the language classroom help children to see learning English as enjoyable and rewarding. Playing games in the classroom develops the ability to co-operate, to compete without being aggressive, and to be a 'good loser'. (p. 79)

　ゲームは、ただ楽しいだけの遊びではありません。ゲームを通して英語学習の価値を知ったり、クラスメイトと仲よく過ごす方法を身につけたり、いろいろな意味で子どもの成長に欠かせないものです。

　じっさいに英語の授業でゲームを行うときは、Scott & Ytreberg（1990）が述べているように、controlled practice と guided practice をバランスよく行うようにするといいでしょう。子どもが自分の気持ちを表現できる活動を行うように、心がけていきたいものです。

　ゲームを選ぶさいは、年齢や言語のレベルに合っているか、どの様な種類のゲームか（座ったまま活動するゲーム or 身体を動かすゲーム、単語を使ったゲーム or 文章を使ったゲーム、全員 or グループ or ペア or 個人で行うゲーム、協力するゲーム or 競争するゲームなど）などに注意して選びます。

　新しい言語材料と既習の活動の組合せにより、子どもたちは安心して活動に取り組むことができます（または既習の言語材料と、新しい活動の組合せ）。

　またゲームのやり方は、簡単な英語とデモンストレーションを見せることで、児童が理解できるようにしましょう。

Speaking task

 具体例

単元「オリジナルシチュー」（P.69～）のタスク1でカードを引きながら "I'd like a ⟨vegetable⟩." と言っていくゲームがあります。このゲームでは、自分の気持ちとはまったく関係なく、引いたカードを見て、そのカードにある野菜を "I'd like ～." の表現を使って言います。いっぽう、単元「できることを紹介しよう」（P.83～）タスク1の Touch and Go ゲームでは、児童は自分のできることは I can ～．で、できないことは I can't ～．で表現します。使用する言語は限られていますが、自分のことを表現できる Speaking 活動になっています。

Role Play（ロールプレイ）

Role Play は、使用言語をある程度制限したり（低学年向け）、言語以外の目標を設定することで（高学年向け）、それぞれの学年の言語レベル、および知的レベルに合った活動になります。

たとえばショッピングゲームは、低学年で活動するばあいは、チケットを使い自分のほしいものを買ってくる活動。高学年で活動するときは、決められたお小遣いのなかで買い物をするなど、言語以外の目標を設定することで、児童がより興味や関心を持って取り組める活動となります。他教科と関連づけて、味噌汁（家庭科で調理）やカレー（野外活動で調理）を作るという設定で、グループごとにメニューを決めてショッピングするのも、個性が出て面白い活動になるでしょう。

 具体例

単元「観光案内をしよう」（P.127～）のタスク4では、観光客が情報を求めて観光案内人に質問するという場面で、児童は観光案内人と観光客に分かれ、活動します。

Play（劇）

「The Giant Turnip（大きなかぶ）」や「Peach Boy（桃太郎）」などの日本の物語は、子どもがストーリーを良く知っているので、取り組みやすいものです。英語のお話も、絵本などを上手に利用することで、英語劇にすることが可能なものがたくさんあります。

絵本でお話が会話になっているものは、登場人物の役割分担をすることで、劇にアレンジすることもできます。そのさい、ナレーションは教師が受けもつなど、児童にとって難しい部分は教師が担当する、または児童が活動できるようにアレンジするといいでしょう。たとえば、絵本「Five Little Monkeys Jumping on the Bed」を使い、猿の役を演

じる児童と、お話を担当する児童に分けて活動を行うのも楽しいものです（お話はチャンツにすると、もっと楽しめます）。絵本「We're going on a Bear Hunt」を使って、クラス全員で、ジェスチャーをしながらチャンツを歌い、劇にするのも楽しい活動になるでしょう（詳しくは第２章 Story telling task をご覧ください）。

 具体例

単元「オリジナルスノーマンを作ろう」（P.93〜）のタスク４で、オリジナルのスノーマン劇をします。絵本のお話を簡単な表現に変えたストーリーに合わせて、児童は自分で作ったお面をつけて活動します。

Show & Tell（発表活動）

Show & Tell は、何かを見せながら行う発表活動です。見せるものは実物、写真、児童が描いた絵、ジェスチャーやデモンストレーションなど、さまざま。この視覚的なサポートにより、聞く側も発表の内容を理解することができます。

このような発表活動は、多くのばあい、自分のことについて１人で発表するので、児童にとってはたいへん難しい活動です。段階的にいろいろな活動で練習をして、自信をもって発表できるように準備する必要があります。グループ内での発表活動や、グループごとにクラス全体への発表活動にすると、取り組みやすくなります。

 具体例

単元「オリジナルシチュー」（P.69〜）のタスク４では、ペアで作ったオリジナルシチューを発表します。野菜のカードを鍋の絵に貼ってシチューの絵を作り、そのシチューに名前をつけて、自分たちのシチューを発表する活動です。

ペアで作成、発表するので、２人で協力することができ児童にとって活動しやすい状況が設定されています。

Reading task

　子どもはみな、生まれたときから聞くことを通して、自然に話せるようになります。しかし読み書きは自然に身につく能力ではなく、意識的な学習が必要です。子どもたちは、日本語と同じように、英語にも文字があることを知っています。英語活動をたくさん経験した子どもたちは、今までふれることの少なかった文字への関心が高まってきます。小学校高学年になると、文字に対する興味関心は、より強くなっていきます。また、読む活動は聞く活動と同様に、児童にとって英語のインプットを与える活動にもなります。1人で読めるようになることで、子どもたちの英語学習の範囲は、教室にだけにとどまらずに広がっていきます。

1．Reading 活動を行うときのポイント

　Reading 活動の初期に行われる活動に、Phonics と Look and Say などがあります。Phonics（フォニックス）とは文字と発音の結びつきのルールを学ぶメソッドです。アルファベットを文字として使わない言語の子どもたちは、まずアルファベットの認識から始めることが大切です。アルファベットの認識とは、アルファベットの形、名前や音を理解すること。アルファベットの名前、文字の形、アルファベットの出す音など、アルファベットに親しむ活動を十分に行い、アルファベットの知識（音と文字）と、英語の音に対する気づきを高めることが必要です。

　同時に、音を聞きながらアルファベット文字を見る場面を、たくさん作りましょう。絵カードに文字（単語）をつける、絵本を読むときに文字の部分を指で指す、教室内にあるものに英語のラベルをつけるのも、よいアイデアです。

　初期の Reading 活動で大切なことは、児童がそれまでに聞いたり、話したりしてきた内容を取り扱うことです。聞いたり、話したりしてきた音と文字を連動させ、意味を理解できるようになります。Listen and Do（たとえば絵カードのかるたゲーム）で行ってきた活動を Read and Do（たとえば単語カードのかるたゲーム）として行ったり、今まで聞いて理解してきたものを文字で見せることにより、「聞いて意味が分かる」から「読んで意味が分かる」と、活動を発展させていきます。

　児童の身のまわりにあるもの（教室にあるものなど）、絵本、創作活動の手順や料理の手順など、児童が興味をもって読める教材選びも大切です。

2．Reading 活動のタイプと活動を行うときの留意点

アルファベットを認識する活動

　アルファベットの認識には、文字（文字の形）が分かることと、文字が読めること（文字の名前と音）があります（「アルファベット文字が書ける」も含まれます）。1文字の認識だ

け終わらず、複数の文字の認識もできるように、活動を少しずつ発展させていきましょう。また、アルファベット文字には、大文字と小文字があるので、それぞれを認識できるようになる必要があります。多くの単語は小文字で表記されているので、とくに複数の小文字を、確実に早く認識できるようになることが大切です。

アルファベットの大文字・小文字指導

1 文字認識	複数文字認識	書く
・聞いて文字が分かる／教師が言ったアルファベットを指差す（カードを探す）ことができる。 ・文字を見て読める／教師が提示したアルファベット文字の名前を言うことができる。	・聞いて文字が分かる／教師が言った複数のアルファベットを指差す（カードを探す）ことができる。 ・文字を見て読める／教師が提示した複数のアルファベット文字の名前を言うことができる。	・アルファベット文字 A ～ Z を正確に書くことができる／見本を見て書けると、見本を見ないで書ける。 ・教師が言ったアルファベットを書くことができる／1 文字を聞いて書けると、複数文字を聞いて書ける。

　アルファベット文字の指導の前には、Alphabet Song を歌う、アルファベットカード並べ、body letter（身体でアルファベット文字の形を作る）などの活動を行うと、児童は楽しくアルファベットの文字や名前に慣れ親しむことができます。

アルファベット文字の指導の前に

Alphabet Song		アルファベットカード並べ	Body Letter
〈メロディー〉 ・Seven Steps ・アルプス一万尺 ・かえるの歌 ・きらきら星	〈アレンジの方法〉 ・グループでパート分けして歌う。 ・手遊びをしながら歌う。 ・輪唱で歌う。 ・自分の名前の頭文字で立ったり、座ったりして歌う。	・Alphabet Song を聞きながら、グループで並べる・ペアで並べる・個人で並べる。	・身体でアルファベット文字を表現し、クラス全員が参加して A ～ Z までの文字を作る。 ・The Days of the Week（曜日の歌）に合わせて、曜日の単語の頭文字を身体で表現しながら歌う。

初期の Reading 活動

　複数文字のアルファベットを認識できるようになったら、複数文字から単語、単語からフレーズ、フレーズから文章へと少しずつ活動を発展させて、Reading 活動の準備をさせましょう。

Reading task

　Look and Say（見てすぐ言う）や、Language Experience（言葉の経験）（児童が話したことを教師が英語で書く）などにより、意味を理解している言葉を文字として見ることで、児童は読むことを学んでいきます。また、Phonics を学ぶことにより、新しく単語を読む方法を身につけています。これらの活動は、同時に行っていくようにしましょう。

　単語を使った Initial Letter ゲームや Wall pocket 作り、Alphabet label のような活動も、Reading 初期の学習者にはおすすめです。仲間はずれを探そう（同じ音で始まる単語、同じ韻を持つ単語を見つける）のように、音に注目した活動を行うこともできます。カードで文章作り（単語カードを並び替えて文章を作る）など、幅広い単語のゲームを行うことができます。

幅広い単語のゲーム

Initial Letter ゲーム	Alphabet Label	Wall Pocket 作り
・頭文字で単語をグループ分けするゲーム	・単語カードを教室にあるものに合わせて貼る活動／児童は単語とその単語の表すものをつねにいっしょに見ることができる。	アルファベット文字のついている Wall pocket を作り、ポケットに単語カードを入れる活動／単語カードの作成（writing 活動）や画用紙に封筒を貼り、ポケットにした wall pocket を児童に作成させることができる。

 具体例

　単元「色と形」（P.49～）のタスク1で、まず色や形の復習を Listening、Speaking 活動を通して行います。タスク2では、色や形の単語と、絵とを合わせる活動を行います。聞いた英語と絵をマッチさせる活動（Listen and Do）が、ここでは文字と絵をマッチさせる活動（Read and Do）になっています。

　Reading 活動では、まだ十分に読めない児童がいることも考慮し、教師が単語の最初の音などを聞かせるなどのヒントを出して、児童の支援をすることも大切です。

Writing task

　Writing 活動は、Speaking 活動と同様に、子どもたちにとって、とても難しい活動です。母語の読み書き能力が十分に習得できてから行う方が効果的である、とも言われています。母語の発達や英語の Speaking, Listening, Reading の活動が十分に行われているかをよく考慮してから、Writing の活動を始めるようにしましょう。

1．Writing 活動を行うときのポイント

　アルファベット文字が母語でない子どもたちは、まずアルファベットを書くことからスタートします。Reading のさまざまな活動を通して、アルファベット文字への認識は高まってきていますが、書く活動は、子どもたちにとって簡単ではありません。Reading 活動と同様に、1文字から複数文字へ、複数文字から単語へ、単語からフレーズへ、フレーズから文章へ、また大文字から小文字へ、と少しずつ活動を発展させていくことが大切です。小文字のライテイングでは、文字を書く位置や形など、児童にとって難しい要素がたくさんあります。いろいろな活動を通して、十分に時間をかけて、書く練習をすることが大切です。

　Writing 活動として、reading で行ってきた活動を応用することができます。いちど reading で行ったことのある活動の発展なので、子どもたちも安心して取り組むことができ、Writing 活動に集中できます。

　また writing は、speaking、listening、reading と同様に意味を伝える手段なので、文字の練習の後には、意味を伝える活動を行うようしていきましょう。自分が話したことや、読んだことのある事柄について書く活動が、子どもたちには適しています。

2．Writing 活動のタイプと活動を行うときの留意点

アルファベットの認識：アルファベット文字を書く活動

　アルファベット文字の練習には、なぞる、見て写す、書く、などあります。鉛筆で紙に文字を書く以外にも、さまざまな活動によって文字を書く練習をすることができます。Alphabet writing レースは、グループから1人ずつ前に出てきて、A～Zまでを黒板に書いていくグループ対抗の活動です。Air writing（空中に指でアルファベットを書く）、Back writing（背中に書く）、Palm writing（手のひらに書く）などは、児童が身体を動かしながら文字を書く活動です。これらを基本として活動を発展させ、Alphabet writing レースをペア対抗で行う、アルファベット・ソングを歌いながら Air writing を行う、Back writing で伝言ゲームを行うなどの活動ができます。

Writing task

初期の Writing 活動

　Writing 活動として、Speaking で行った活動を応用することができます。スピーチからポスター作り（絵と文章）をする、日記を書く、Q＆A 活動の質問や答えをカードに書く、オリジナルの絵本を作る、など活動はさまざまです。Speaking 活動で、児童は伝えたい内容を話してきました。Writing 活動では今まで話してきた内容を、文章として書きます。意味がある文章を書くのは、児童にとって書くことの意義を感じることのできる大切な活動です。

Speaking から Writing へ	
Speaking 活動	Writing 活動
・自分の行きたい国 Show and Tell	・発表用ポスターに文章も書く
・夏休みの思い出を発表する	・夏休みの日記を書く
・Q＆A 活動	・質問と答カードを作り神経衰弱を行う
・オリジナルお話作り—劇を作る	・オリジナル絵本を作る

　Reading で行ってきた活動も同様に、Writing 活動として行うことができます。単語カードと絵カードを合わせる→絵に合わせて単語を書く、絵や物に単語のラベルを貼る→単語のラベルを書いて作り、絵や物に貼る、バラバラになった文字カードを並べ替えて単語を作る→単語を書く、正しい順番に単語、フレーズ、文章カードを並べる→正しい順番にお話を写したり書いたりする、のように Reading で体験した活動を Writing 活動として行うことができます。

Reading から Writing へ	
Reading 活動	Writing 活動
・単語カードと絵カードをマッチさせる	・絵に合わせて単語を書く
・教室内の物に単語のラベルを貼る	・単語ラベルを作って教室内の物に貼る
・文字カードを並べかえて単語を作る	・単語を書く
・聞いた英語に合わせて、正しい順番に単語カードやフレーズカードを並べる	・お話を書く

 具体例

　単元「観光案内をしよう」（P.127〜）のタスク３では、観光地紹介用のポスター作りで、紹介用文章の見本を見ながら書く、という活動を行っています。十分に話したり聞いたりしてきた内容の、writing 活動への発展は、児童にとって内容がわかっていることもあり、取り組みやすい活動です。

Story telling task

　子どもにとって絵本は、そこに描かれている絵が魅力的なだけではなく、お話の内容や、使われている言葉自身も楽しい読み物です。絵本が子どもの言葉の能力の発達に果たす役割は、母語習得の場面だけでなく、英語を学ぶ場面においても非常に大きいものです。絵本を開くと、絵からどんな場面かを理解することができ、その場面でどんな言葉が、どのように使われているかを、子どもは自然に習得することができるのが、大きな理由の1つです。

　Slattery & Willis（2002）は、次のように述べています。

> "Stories are the most valuable resource you have. They offer children a world of supported meaning that they can relate to. Later on you can use stories to help children practice listening, speaking, reading and writing." (p. 96)

　絵本や物語は、子どもが自分のまわりの世界のことを知ることができるだけでなく、楽しみながら4技能を練習することができる、言語習得には欠かせない教材なのです。

1．なぜ絵本を使うのか？

　絵本は、子どもの言葉を豊かにし、心を育て、想像力を育てる、子どもの成長には欠かせないものです。

　次に、絵本を使う理由をあげておきます。

- 子どもたちの興味を引きつけ、楽しませる
- 子どもたちの考える力や予想する力を伸ばす
- 自分以外の人物になったらどう感じるか、想像する力を養う
- 悲しんだり喜んだりといった感情を分かちあえる
- 他教科で学んでいる内容と関連づけられる
- 異なる文化や考え方を知ることができる
- 生きた状況で、本物の言葉にふれることができる
- 絵が言葉の理解を助ける
- 文脈のなかで、英語を固まりとして習得できる
- 達成感を味わい、次の学習への動機づけになる

2．Story telling 活動を行うときのポイント

　Story telling 活動には、お話を教師自身の言葉で語るばあいと、絵本のお話をそのまま読むばあいがあります。どちらを行うかは、お話の種類や教師の英語力にもよりますが、絵本のお話をそのまま読む「読み聞かせ」が一般的です。また、児童を積極的に教師の「読み聞かせ」に参加させる Reading together（いっしょに読む）を行うことで、お話が児童の心に残るだけでなく、「絵本を読めた」という達成感も生まれ、もっと読みたいという気持ちも育っていきます。

3．絵本の選び方

絵本の種類

　子ども向けの絵本には、Reader（読本＝子どもの reading の教材として作られた読み物で、子どもの能力に合わせて段階別に、内容、語彙、表現、文章などが選ばれ作られた本）と本物の絵本があります。Reader は、子どもの言語レベルの成長に合わせて、言葉が選ばれていますが、本物の絵本はそうでありません。しかし、絵や言葉づかいが魅力的なことから、教師の読み聞かせではよく使われます。

　子ども向けの絵本（物語）には、おとぎ話や昔話のような古典的なお話、日常の生活を描いたもの、動物をあつかったもの、空想の世界を描いたもの、ライム（韻を踏む）や言葉遊びのある絵本、道徳的な内容のもの、などさまざまな内容の絵本があります。

　教室で「読み聞かせ」をするときは、ビッグブックを使うとよいでしょう（入手可能のばあい）。普通サイズの本で読み聞かせをするばあいは、児童を読み手の周りに集めて読むようにしましょう。低学年などは、読み手の近くでお話を聞くほうが、読み手の表情を近くで見ることができるなど、お話の内容をより理解しやすいことがあります。児童の参加をうながすときも、読み手の近くに児童がいるほうが活動しやすいものです。

絵本を選ぶ基準

　絵本を選ぶさいには、以下のことに気をつけるようにしましょう。

・絵が鮮明ではっきりしている
・繰り返しがある
・リズム感がある
・話しの流れが簡潔でわかりやすい

- ・児童の興味関心があり、学習内容にあっている
- ・児童の知的レベルや言語レベルにあっている
- ・メッセージ性がある（とくに高学年向け）

　また、教師が自分の好きなお話や絵本を選ぶことも大切です。

　高学年用の絵本選びのときに、児童の言語レベルに合わせて絵本を選ぶと、内容が幼稚すぎて児童の知的レベルに合わないことがよくあるので、気をつけて選ぶようにします。"The Very Hungry Caterpillar" のように良質な絵本は、年齢や児童の精神的・認知的発達段階や多方面に応じて、いろいろなレベルで解釈したり活用したりすることができます。

4．絵本の読み方

①集中して聞ける環境づくりをする

②タイトル、作者名を読む

　　絵本の表紙を見て気がつくことを引きだす

　　どんなお話か想像させる

　　タイトルを理解させる

　（作者名については、難しいものもありますが、できるだけ読むようにします。児童が、同じ作者の別の本を見つけることができるように、という理由です。）

③絵本を読む

　　表情豊かにジェスチャーをつけて読む〈教師の読み方〉

　　児童を巻き込む〈児童の巻き込み方〉

　　質問などで児童とコミュニケーションを取る

　　日本語を使ってもよい（ただし、訳さない）

④余韻を楽しむ

　　感想を聞く

　　お話の続きを考える

　表紙の絵を見て、知っている単語を言わせたり、お話に関連する内容を児童に質問したり、どんなお話か想像させてから「読み聞かせ」を行うことで、児童のお話への興味関心はより高まります。

Story telling task

教師の読み方

英語の絵本でも日本語の絵本でも、「読み聞かせ」で気をつける点は同じです。役者になって読んでください。また、ページのめくり方、ページの見せ方も、「読み聞かせ」を成功させる大切な要素の一つです。

- ・声色を使い、表情ゆたかに読む（役者になる）
- ・ジェスチャーをつける
- ・スピードを変える
- ・効果音を取り入れる
- ・間をおく（必要なところで）
- ・子どもたちに質問をする（お話に関する内容で）

ストーリーによっては、難しい単語を、児童の知っている単語に置き換えるなど、読み換えを行ったほうがよいこともあります。読み換えについて、Ellis & Brewster（2014）は、次のように述べています。

"There are some features of stories specific to narrative; if we modify and simplify stories too much there is a danger of losing some of their magic. However, this magic may also be lost if the language is too advanced for children to follow." (p. 17)

つまり、お話は簡単すぎても、難しすぎてもいけないのです。お話の持つ魔法が子どもたちに届くように、読み換えを注意深く行う必要があります。たとえば、児童にとって難しい単語や、なじみうすい言葉であっても、ストーリーのキーワードになっているような言葉は、そのまま残しておくことが大切です。

児童の巻き込み方

次のような方法で、児童を積極的に教師の読みに参加させ、Reading together（いっしょに読む）活動にしましょう。

- ・キーワード・キーセンテンスを言う
- ・繰り返しの表現を言う（全員で言う・グループで言う）
- ・登場人物のせりふ（会話の部分）を言う

- ・ジェスチャーで参加する
- ・歌を歌う
- ・リズム読みをする

5．絵本を使う場面

絵本は、次のような場面で使うことができます。

①絵本（お話）を楽しむ

　子どもたちは、絵本が大好きです。絵本を外国語（英語）の授業中だけでなく、いろいろな場面で読んでみましょう。そのさいに、児童が授業で学んだ単語や表現が出てくるようなお話、児童の興味関心に合ったトピックのお話、児童の日常生活に関連したお話を選ぶようにします。

使用絵本の例

The great big enormous turnip（１年生の国語で学習するお話なので、その後で）
Swimmy（２年生の国語で学習するお話なので、その後に）
Tooth Fairy（歯が抜け替わる学年の児童に読み聞かせると、タイムリー）
Meg and Mog（魔女のお話は、ハロウィーンの時期に）

②授業や活動の導入として使う

授業で新しいトピックを導入するさいに、絵本を使うのも効果的です。

使用絵本の例

Five little monkeys jumping on the bed（チャンツを行う前に）
Ten fat sausages（チャンツを行う前に）
White rabbit color book（色の活動を行う前に）
Froggy gets dressed（洋服の単語などを学習する前に）

③絵本を丸ごと使って授業を組み立てる（単元を作る）

　１冊の絵本を、そのなかに出てくるさまざまな単語や表現を学ぶ、授業の教科書として利用することもできます。

　絵本を使うことによって、行うことができる活動は、４技能に渡ります。Speaking や listening を中心に学んでいる児童は、身体を動かす、歌を歌う、単語や文章でゲームをす

Story telling task

る、お話を教師といっしょに言う、劇をするなど、いろいろなタイプの活動を行うことができます。楽しいだけでなく、お話に出てくる言葉を、より深く理解することができるのです。また工作をしたり、絵を描いたりなどの作品作りも、児童の想像力を活かして、楽しく取り組める活動です。Reading や writing も学んでいる児童であれば、活動の幅はさらに広がっていきます。自分で物語を読む、お話の続きを考える、などの活動もできるようになります。

使用絵本の例

Brown bear brown bear what do you see?（色、動物、何が見える？という表現を学びます）
From Head to Toe（身体の部位、動かし方、～できる？という表現を学びます）
Today is Monday（食べ物、曜日を学習後、自分たちで作ったお話を、歌に合わせて歌います）
The Very Hungry Caterpillar（食べ物、曜日だけなく、チョウの一生も学べる万能選手）

具体例

単元「オリジナルスノーマンを作ろう」（P.93～）で、まず絵本の「読み聞かせ」を聞きます。その後自分のオリジナルスノーマンのお面を作り、お面をつけて絵本に合わせて動作をする活動をおこないます。

付録：子どもといっしょに楽しく読める絵本

本の題名	著者名	内容
The Very Hungry Caterpillar	Eric Carle	はらぺこあおむしが生まれてからチョウになるまでのお話。いくら腹ぺこでも、そんなにたくさん食べて大丈夫かしら。
Brown Bear Brown Bear, what do you see?	Bill Martin Jr (picture) Eric Carle	茶色のくまだけでなく、紫色の猫、青い馬などいろいろな動物が出てきます。動物と色で遊べる絵本。
Today is Monday	Eric Carle	一週間の曜日とその日の食べ物を、メロディーにのせて歌いましょう。
From Head to Toe	Eric Carle	動物たちが「Can you do it?（この動きできる？）」と子どもに問いかけます。「I can do it!（できるよ！）」言いながら楽しく動作しましょう。
We're going on a bear hunt	Michael Rosen (picture) Helen Oxenbury	家族でクマがりに出かけよう。草原を通り、川を渡り、森をぬけ、洞窟で出会ったのはこわくないはずのクマ！！「逃げろー」みんなで動作をしながら、クマがりに出かけましょう。劇にもできます。

本の題名	著者名	内容
Bark George	Jules Feiffer	子犬のジョージくんに、ママが「ワンとほえなさい」って言ってます。ジョージくんはワンとほえるかな？
Ketchup on your cornflakes	Nick Sharrat	コーンフレークにケチャップ！？好きですか？１ページが半分で切り離せるようになっており、いろいろな組合わせで児童に質問してみましょう。
Yo Yes	Chris Raschka	黒人の子どもと白人の子どもがYo! Yes?と簡単な言葉のかけ合いで友だちになっていきます。
Five little Monkeys Jumping on the bed	Eileen Christelow	５匹のおさるさん、ベッドでジャンプ、ジャンプ。あっ、１匹ベッドから落っこちました。お医者さんに「もうダメだよ」って言われたのですが…。
Ten fat sausages	(picture) Elke Zinsmeister	ホットドッグ屋さんにあった10本のソーセージ、ホットドッグ２本売れて８本に。８本が６本、６本が４本に…。
Go Away Big Green Monster	Ed Emberly	モンスターなんてこわくない。Go Away! と少しずつ追い払ってやる。ページをめくる度に、モンスターの顔の部分が１つずつ増えていったり、消えていったりしていく。
My cat likes to hide in boxes	Eve Sutton	さまざまなことができる猫が、いろいろな国にいるけれど、私の猫は箱にかくれるのが好きなんだ。脚韻が踏まれているので、リズム良く読める本です。
Elephant and the bad baby	Elfrida Vipont (picture) Raymond Briggs	赤ちゃんが象にのって、町のあちこちのお店に行きますが、勝手にお店のものを持っていってしまうので、お店の人たちに追いかけられます。
What's the time Mr Wolf	(picture) Annie Kubler	「おおかみさん、いま何時？」「７時。起きる時間」と１日の生活を、おおかみさんとともに見ていくことができる。飛び出すおおかみの仕掛けが楽しい絵本です。
Swimmy	Leo Lioni	小さな魚のスイミーは、赤色の兄弟たちと異なり、１匹だけ真っ黒でした。ある日大きな魚がやってきて、赤色の兄弟たちをみんな飲み込んでしまいます。
The Color of his own	Leo Lioni	自分の色がなく、さみしい気持ちのカメレオンですがもう１人の友だち出会いました。
The Great big enormous turnip	Alexander Torstoy (picture) Helen Oxenbury	「おおきなかぶ」の英語版。日本語版と異なるイラストを楽しみながら、みんなでおおきなかぶを引っぱりましょう。

Story telling task

本の題名	著者名	内容
The Doorbell Rang	Pat Hutchins	おばあちゃんが作ってくれたクッキーを、兄弟2人で分けて、さあ食べようと思ったら、お友だちがやってきたよ。
White Rabbit Color Book	Alan Baker	白色うさぎさんが赤、青、黄色のペンキを見つけました。そして赤のペンキにドボン！赤色うさぎさんになりました。そして次に黄色のペンキに…。
Strawberries are red	Petr Horacek	いちご、りんご、ばなな、ブルーベリー、オレンジなど、いろいろなフルーツで最後に作るのは？
Lemons Are Not Red	Laura Vaccaro Seegar	レモンは赤⁉じゃないよね。レモンは黄色で、赤いのはりんご。にんじんはむらさき⁉じゃないよね。何が紫色かな？
Froggy gets dressed	Jonathan London	冬眠したくないフロッギー。遊びたくて、急いで着がえをして雪のなかに飛び出します。でも、何か忘れたみたい。お母さんが呼んでますよ。
Tooth Fairy	Audrely Wood	日本では、歯が抜けたらどうしますか？抜けた歯を、ステキなものと交換してくれる妖精がいる国があるんですよ。歯、早く抜けて欲しいかな。
Meg and Mog	Helen Nicoll and Jan Pienkowski	魔法使いの Meg が魔法のパーティに出かけました。みんなで持ちよった、かえるやコウモリなどを大きな釜に入れて、呪文を唱えます。Bang!! 何が起こったのかしら。

Making a Lesson Plan

1. レッスン・プランの作成

　Lee & VanPatten（2003）は、レッスン・プランを作成するさいに、まず目的を明確にすることが大切であると述べています。さらに、その目的を達成するためのタスクを考えることが必要です。つまり、"When we can do this task, we have reached the goal for this lesson"（p. 77）と言えることが大切です。目的（final task）がはっきりすれば、それを達成するために必要な語彙、文法、トピックなどが決まってきます。図3は、Lee & VanPattenによるモデルです。

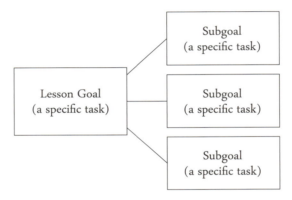

図3　Lesson goals imply lesson subgoals

Lee & VanPatten（2003）はまた、次のように述べています。

> "a lesson goal that is represented by an interactive information-exchange task allows an instructor to map out the lesson, specifying subgoals along the way" (p. 77)

　レッスンの目的を達成するために、最後に実施するタスクを決め、必要な語彙、文法、トピック等を選定します。同様に、いくつかのsubgoalsを決め、それぞれを達成するためのタスクを考えます。Subgoalのタスクを順に行うことによって、最後のタスク（lesson goal）に到達し、目的を達成することができます。

2. 4技能の統合（skills integration）

　2020年度から小学校5、6年生を対象に、英語が教科となり、文字の導入も計画されてい

Making a Lesson Plan

ます。2017年2月、文科省から新学習指導要領の骨子が発表されました。それによると、小学校5、6年で、600〜700語の習得が目標となっています。語彙の導入から、必要な文法項目の導入、文字の導入、そして、listening、speaking から reading、writing まで、どのように4技能を統合したらいいのでしょうか。Brown（2007）は、次のように述べています。

> "the integration of the four skills - or at least two or more skills - is the typical approach within a communicative, interactive framework" (p. 286)

そして、以下の理由をあげています。

> （1）Production and reception are quite simply two sides of the same coin; one cannot split the coin in two.
> （2）Interaction means sending and receiving message.
> （3）Often one skill will reinforce another; we learn to speak, for example, in part by modeling what we hear, and we learn to write by examining what we can read. (p.286)

つまり、production のスキル（speaking、writing）と reception のスキル（listening、reading）は、切り離すことはできない一体のものであり、1つのスキルを伸ばすことによって、他のスキルを伸ばすことが可能になります。

3．4技能の統合を目指したレッスン・プランの例

タスク1〜4（クリスマスを楽しもう）は、小学校6年生を対象としたレッスン・プランの例です。

（1）**タスク1（subgoal 1）：**
クリスマスについて知り、クリスマスの単語に慣れ親しむ。

（2）**タスク2（subgoal 2）：**
クリスマスの単語が言えたり、読めたりできるようになる。

（3）**タスク3（subgoal 3）：**
クリスマスプレゼントに何がほしいか言うことができ（I want 〜）、友達のほしいものを尋ねることができる（What do you want?）。

（４）タスク４（lessongoal）：
　　今まで習った表現を使って、サンタクロースへ手紙を書く。

　　タスク１は、Listen and do の活動です。単語の導入の後、カードゲームを通して、定着を図ります。
　　タスク２は、単語の絵カードと文字のマッチングのタスクを通して、文字の理解を図ります。
　　タスク３は、Speaking の活動です。I want 〜と What do you want? を導入して、友達にインタビューをします。
　　最後に、タスク４が lesson goal の最後のタスクです。
　　タスク１から３までに学んだ語彙や表現を使用して、このレッスンの目標――サンタクロースへ手紙を書く――を達成することができます。このように、それぞれの subgoal が lesson goal につながっていることがわかります。
　　さらに大切なのは、４技能の統合です。単語の導入から Listening and do の活動、文字の導入、表現の導入から Speaking 活動、そして、最後の Writing 活動へと、４技能を統合しながら、コミュニケーションを重視する活動へと発展しています。

Assessment

1. 評価とは？

Brown（2007）は、次のように述べています。

> "assessment is an integral part of the teaching-learning cycle" (p. 482)

つまり、評価と授業（学習）は切り離すことのできないものであり、一体化させる必要があるのです。さらに、Lee & VanPatten（2003）は、次のように述べています。

> "Testing learners' communicative ability can have a positive washback effect on instruction" and "learners will have additional motivation not only to participate in the class but to strive to improve their communicative language ability" (p. 114)

つまり、生徒のコミュニケーション能力を評価するテストを実施することは、授業に波及効果（washback effect）をもたらすわけです。なぜなら、生徒は授業に積極的に参加して、その結果、コミュニケーション能力を伸ばそうというモチベーションが上がるからです。したがって、リーとヴァンパッテンは、lesson goal を達成するためのタスクを、そのままパフォーマンス・テストとして使用することを勧めています。

2. パフォーマンス・テストとは？

2020年度からの英語の教科化に伴い、小学校の教師は、中・高校の英語師と同様に、生徒のコミュニケーション能力を評価することが義務づけられています。ここで重要なのが、パフォーマンス・テストです。

文部科学省は、2013年3月、「各中・高等学校の外国語教育における CAN-DO リストの形での学習到達度目標設定のための手引き」を発表して、コミュニケーション能力を測定するため、「多肢選択形式等の筆記テストのみならず、面接、エッセイー、スピーチ等のパフォーマンス評価」を実施することを提唱しました。パフォーマンス・テストは、実生活で使用される speaking や writing のタスクを用いるため、多肢選択テストに比べて authenticity（真正性）が高く、学習者のみならず、教師が授業の目的であるタスクをやりとげようというモチベーションが上がります。ブラウン（Brown 2007）は、次のように述べています。

"Performance-based assessment implies productive, observable skills, such as speaking and writing, of content-valid tasks. Such performance usually, but not always brings with it an air of authenticity—real-world tasks that students have had time to develop...Because the tasks that students perform are consistent with course goals and curriculum, students and teachers are likely to be more motivated to perform them, as opposed to a set of multiple-choice questions about grammaticality or reading comprehension" (p. 481).

3．評価基準

　パフォーマンス・テストの評価に関して、Lee & VanPatten（2003）は、主観的な評価に陥らないように、信頼できる評価基準を作成することを勧めています。とくに、excellent, good, weak（あるいはA，B，C）のような unitary rating（単一的な基準）ではなく、componential rating（分割的な基準）を使用することを推奨しています。

　たとえば、スピーキングテストであれば「（1）流暢さ、（2）内容、（3）ストラテジー、（4）正確さ、（5）デリバリー（声の大きさ・発音）」などのカテゴリーに分けて、それぞれについて評価基準を設定した方が信頼性も高く、生徒へのフィードバックも容易です。さらに彼らは、重要なカテゴリーの配点を多くすることを勧めています。たとえば、小学校の上級生であれば、正確さよりも流暢さ（2分間沈黙なしに、ペアで会話を続けることができる）の配点を多くすれば、生徒のモチベーションが上がります。同様に writing についても「（1）語数、（2）内容、（3）正確さ」などのカテゴリーに分けて、評価基準を作成することができます。

　具体的な例として、単元「観光案内をしよう」のスピーキングテストの評価表を参照してください。このテストは、これまのタスクで学んだ表現を使用して、それぞれの都道府県の有名な物・人、できることについて、ペアで会話をすることが目的です。148ページの評価表にあるように、流暢さ・内容（7点満点）、コミュニケーション・ストラテジー（3点）、正確さ（7点）、態度（3点）、計20点です。あらかじめ、スピーキンテストの練習の前に、評価表を生徒に見せて評価基準についての説明をしておくことが大切です。

　テストのさいは、その場で2名をくじで決め、教室の外（廊下、または隣の教室）で実施します。どちらかの生徒に149-150ページのカードを引かせて、会話を始めさせます。教師は、フィードバックのため、ビデオ撮影をすることを勧めます。さらに、147ページにある writing の評価表をもとに、生徒が作成したパンフレットを評価してください。

第 3 章

授業で使えるタスクの
ワークシート

タスクの使い方・読み方

　第3章の『授業で使えるタスクのワークシート』は、英語授業で使える8つの単元のなかで、29種類のタスクがまとめられています。1タスクの紙面構成は、基本的に2ページで1活動となっており、各タスクで使うワークシートなどが単元ごとに、まとめられています。また、指定のホームページ（http://www3.nufs.ac.jp/~yoshi/index.html）からデータをダウンロードすることもできます。

■タスクの紙面基本構成

　タスクの紙面は、次の①から⑥の順番で進める基本構成となっています。

①　教授法分類のツメ … タスクごとに教授法（Song、Listening、Speaking、Reading、Writing、Storytelling）の、どの種類に該当するかわかります。

②　目　標 … タスクを通して、英語授業で達成する目標です。
**　　時　間** … タスクを効果的に実施する「Pre Task と Task」ごとの時間です。
**　　言語材料**
**　　文　法** … タスクを進めていく中で重要になる「言語材料・文法・語彙」です。
**　　語　彙**

③　タスクを進める前に準備しよう！ … タスクを進める前に準備するものです。カッコ内の記載ページは、タスクで準備するワークシートなどが掲載しているページです。

④　Pre Task（プレタスク） … Task（タスク）を円滑に進める前の、準備段階活動の説明になります。
**　　Task（タスク）** … タスク活動の説明です。
**　　ワンポイント・アドバイス** … Pre Task（プレタスク）と Task（タスク）を進める中で、ポイントになる箇所が書かれています。

⑤　授業風景のイラスト … タスク活動で、どのような授業雰囲気を作るかをイラストで描いています。

⑥　タスク集で準備するもの … タスクを進めるために必要なワークシートなどが準備され、英語授業で使用できます。

単 元

❷

❸

❹

❺

❶ 教授法の種類

 Song    Listening

 Speaking   Reading

 Writing   Story telling

各単元の最終頁

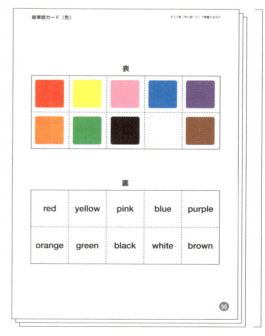

❻

47

1 色と形 ❶
～ステレオゲーム～

- 目　標　色と形の表現に慣れ親しみます。
- 時　間　15分（Pre Task 5分 + Task 10分）
- 言語材料　色〈red, yellow, pink, blue, purple, orange, green, black, white, brown, gray〉
  形〈circle, triangle, square, rectangle, diamond, star, heart, oval, pentagon, hexagon〉

タスクを進める前に準備しよう！

☐ 絵単語カード（色）（P.55／グループ数分）
☐ 絵単語カード（形）（P.56／グループ数分）

Pre Task

タスクタイム **5** 分

❶ 教師は、絵単語カード（色）か絵単語カード（形）の中から1枚選んでおきます。

❷ 児童は、全員で「What do you have?」と教師に聞きます。教師は選んだカードに書かれた色か形を言います。

❸ 児童は教師の言った色か形を、教室の中から探して手で触ります。

【会話の例】

児童全員：What do you have?

教師：I have RED. Please find something red and touch it!

児童全員：What do you have?

教師：I have CIRCLE. Please find a circle and touch it!

49

1 色と形 ❶
~ステレオゲーム~

Task
タスクタイム **10**分

❶ 教師は数人の児童を選んで、デモンストレーションをいっしょに行います。選ばれた児童は異なる色を言います。教師は児童を1人指名して、その児童が言った色が何だったかを、クラス全員に聞いて、色を当てさせます。(1回目は色か形のどちらか1つを選んで、2回目は色と形の両方で行います)

❷ クラスの児童を5人グループに分けて、グループごとに円になります。そして、グループごとに絵単語カード(色と形)を配布します。

❸ グループ内の3人は、配布された各カード(色と形)から、好きなものを1つ選びます。選んだカードの色か形を、残りの2人に向かって同時に言います。

❹ 残りの2人は、同時に3人の児童が言った単語を当てます。

【会話の例】

教師
Are you ready? One, two, three!

児童A
Red!

児童B
Blue!

児童C
Purple!

教師
What did 児童A say?

児童全員
Class: Red!

児童A
That's right.

(児童B、児童Cについても、同様に答えを確認します)
よく聞き取れなかったときは…

One more time, please!

児童全員

ワンポイント・アドバイス

・ゲームに慣れてきたら、色や形だけから、色と形 (blue star など) と活動を発展させてください。

1 色と形 ❷
〜かるたゲーム〜

目　標	色と形の単語を読むことができます。
時　間	15分（Pre Task 5分 + Task 10分）
言語材料	色〈red, yellow, pink, blue, purple, orange, green, black, white, brown, gray〉 形〈circle, triangle, square, rectangle, diamond, star, heart, oval, pentagon, hexagon〉

タスクを進める前に準備しよう！

☐ 絵単語カード（色）（表がイラストで裏が単語）（P.55／グループ数分）
☐ 絵単語カード（形）（表がイラストで裏が単語）（P.56／グループ数分）
☐ かるた用カード（読み札）（P.57／グループ数分）

Pre Task

タスクタイム **5**分

❶ 教師は、絵単語カード（色）と絵単語カード（形）を使って、色と形について復習をします。（クラスの児童全員で、確認しながら何度か繰りかえしてください）

【会話の例】

教師

What color is it?

It's yellow!

児童全員

What shape is it?

It's a circle.

1 色と形 ❷
～かるたゲーム～

Task
タスクタイム **10**分

① クラスの児童を5人ずつのグループに分けて、かるた用カード（読み札）・絵単語カード（色）・絵単語カード（形）をグループごとに配布します。

② かるたゲームを始める前に、教師同士でデモンストレーションを見せます。

③ グループ内でカードを読む児童を1人決めて、絵単語カード（色）を表向きに広げます。

④ 読み手は、かるた用カードから自由に1枚取って、読み上げます。表向きにした絵単語カード（色）を、最初にたたいた児童がそのかるたを取ることができます。

⑤ 絵単語カード（色）でかるたゲームをしたら、次は絵単語カード（形）に変えてかるたゲームをします。

⑥ 最後に絵単語カード（色）と絵単語カード（形）を混ぜて、かるたゲームをします。

⑦ 教師は、各かるたゲームで取ったカードの枚数を合計します。合計した枚数を1枚1ポイントとします。

ワンポイント・アドバイス
・児童の理解度に合わせて、単語面ではなくイラスト面を表にしてもよいです。
・児童が色と形の復習で、各単語カードを見ても悩んでいるときは、教師は最初のアルファベットの発音で、ヒントを出してください。
・かるた用カード（読み札）を並べて、かるたゲームをしてもいいです。

1 色と形 ３
～ Can you touch? ゲーム～

- 目標 色と形の単語を読むことができます。
- 時間 30分（PreTask 10分 ＋ Task 20分）
- 言語材料 色〈red, yellow, pink, blue, purple, orange, green, black, white, brown, gray〉
  形〈circle, triangle, square, rectangle, diamond, star, heart, oval, pentagon, hexagon〉

タスクを進める前に準備しよう！

□ ゲームマット
（透明テーブルクロス＋色の違う折り紙／各２セット）
※ゲームマットは、透明テーブルクロスの裏に、色の違う折り紙（色と形はかるた用カード（読み札）と対応させる）を貼って作成します。

□ かるた用カード（読み札）（単語のみ／P.57）※ゲームマット作成で使った、すべての色

□ 体部分のクジ（絵と単語付き／P.58）※右手・右足・左手・左足の４種類

Pre Task

タスクタイム **10**分

1 Taskで使うタスク単語(right hand, left hand, right foot, left foot)を、オリジナルの歌とジェスチャーを使って、教師と児童でいっしょに慣れ親しみます。

♪オリジナルの歌
> Right hand, left hand clap clap clap!!
> Right foot, left foot jump jump jump!!

2 教師は質問する文章を作成して、児童に「Yes, I can. ／ No, I can't.」と答えさせて、タスクで使う文法の意味に気づかせます。

【質問する文章例】
> Can you raise your right hand?
> Can you raise your hip?

3 ゲームマットを黒板に貼って、色の確認をします。

【会話の例】

教師

What color is this?

It's red.

What color is this?

児童

It's green.

53

1 色と形 ❸
～ Can you touch? ゲーム～

Task

タスクタイム **20分**

① タスクを円滑に進めるために、教師と児童でデモンストレーションを見せます。

② クラスの児童を3〜4人の3グループ（A・B・C）に分けて、対戦形式の順番でゲームを始めます。

③ 2グループ（A・B）から対戦者を1人ずつ選んで、選ばれた2人がゲームシートの上に乗ります。

④ 対戦しないグループ（C）の児童が"色と体の部分クジ"を1枚ずつ引きます。引いた2種類のクジが、ゲームで使える、色と体の部分になります。その色と体の部分を使って、会話する文章を作ります。

⑤ 対戦者は「Yes, I can.」と言いながら、ゲームで使える体の部分で、指定された色を触ります。ゲームで使えない体の部分が、ゲームマットについた人が負けです。勝った人のグループに、1ポイントを与えます。

⑥ 対戦形式の順番で、グループを変えてゲームを始めます。たくさんのポイントを獲得したグループが勝ちです。

ワンポイント・アドバイス
・色数を減らして、同じ色で複数の形があるゲームマットを作っても面白いです。
・模造紙B1サイズだといいでしょう。

【文章の例】

Cグループ

Can you touch <u>green</u> with your <u>right hand</u>?

Yes, I can!

AとBグループ

Can you touch <u>pink</u> with your <u>right foot</u>?

No, I can't!

絵単語カード（色）　　　　　　　　　　タスク集「色と形①②」で準備するもの

表

裏

red	yellow	pink	blue	purple
orange	green	black	white	brown

絵単語カード（形） タスク集「色と形①②」で準備するもの

表

裏

circle	triangle	square	rectangle	diamond
star	heart	oval	pentagon	hexagon

かるた用カード（読み札）

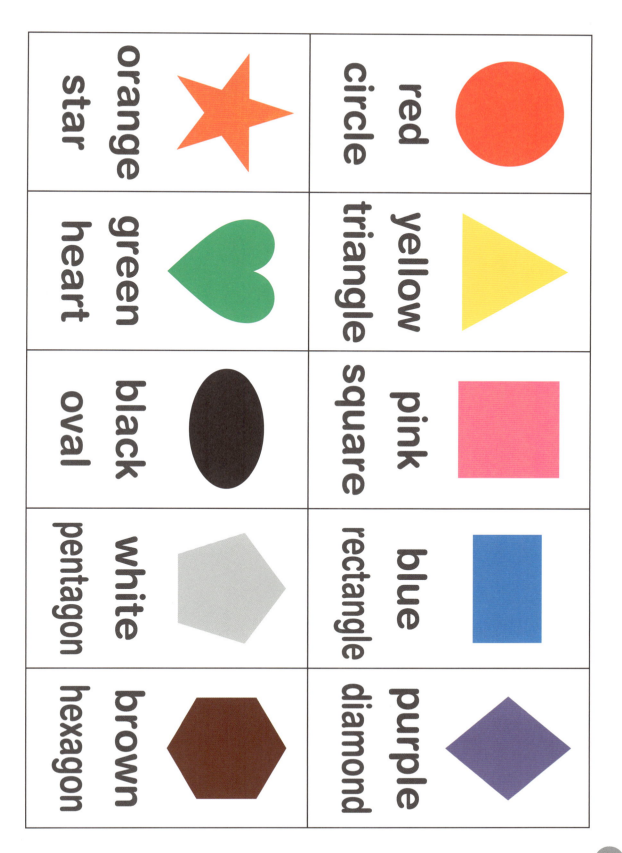

体部分のクジ（絵と単語付き）　　　　　　　　　　タスク集「色と形③」で準備するもの

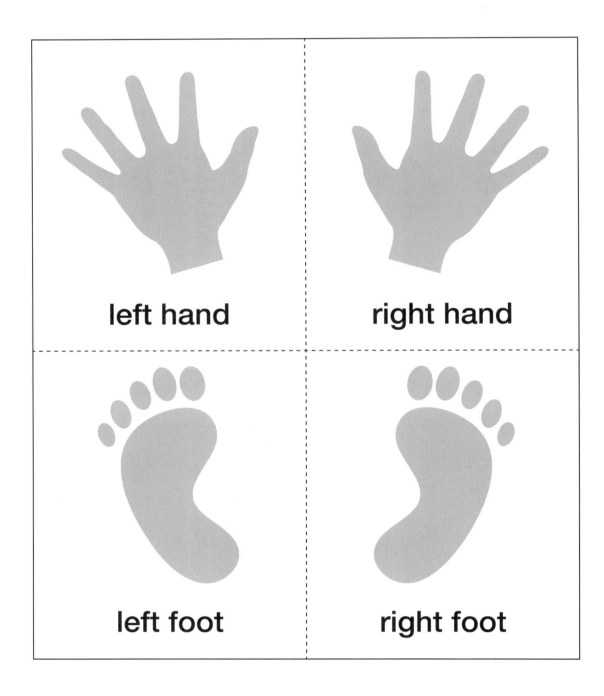

2 Birthday ❶
~12 months を歌おう~

目　　標	英語での、1月から12月の話し方に慣れ親しみます。
時　　間	15分（Pre Task 5分 + Task 10分）
言語材料	When is your birthday? ／ My birthday is in ～. January, Februrary, March, April, May, June, July, August, September, October, November, December

タスクを進める前に準備しよう！

☐ 数字と月が書かれた単語カード（提示用／P.65）
☐ CD プレーヤー
☐ CD（参考 CD）

タスクタイム 5分

❶ 教師は自分の誕生月を紹介して、その月の単語カードを黒板に貼ります。

❷ 児童に誕生日を聞きながら、その他の月の単語カードを見せていきます。単語カードは、January から December まで、順番に並べて黒板に貼ります。

【会話の例】

教師

My birthday is in May.
How about you, ○○. When is your birthday?

My birthday is in ○○.

児童

Now it's your turn. My birthday is in January.
Please raise your hand.

2 Birthday ❶
~12 months を歌おう~

Task
タスクタイム **10**分

❶ CDプレーヤーでCDをかけて、黒板に貼った単語カードを指で指しながら、教師を中心に歌います。

❷ クラスの児童も全員参加して歌い、歌うことに慣れてきたら、下記〈例〉のように、特定の月は歌わず手拍子をする等、工夫して歌います。

【歌の例】

教師A

Next, let's sing it faster.

1 My birthday is in May, so I'll take out a May card. We can't say May, but we clap our hands instead. ○○, when is your birthday? I'll take out a ○ card. Now we can't say May and ○, but we clap our hands twice.

教師B

（はずされた月の部分は歌わずに手をたたきます。）

2 Please stand up when we sing your birthday month.

教師B

（自分の月の部分で立ち上がらせます。）

💡 ワンポイント・アドバイス
・児童が歌い慣れるまで、教師が率先して歌うようにしてください。
・ただ歌を歌うのではなく、歌い方を工夫しながら楽しんで、繰り返して歌うようにしてください。

参考：Songs and Chants(mpi) "The months of the year"

2 Birthday ❷
〜友達の誕生日を聞こう〜

- **目 標** 序数と数字の言い方に慣れ親しみます。
- **時 間** 20分（Pre Task 10分 ＋ Task 10分）
- **言語材料** When is your birthday? ／ My birthday is 〜.
  序数（first, second, third, fourth, fifth, sixth ……. thirty-first, 1〜31）

タスクを進める前に準備しよう！
- □ 数字と月が書かれた単語カード（提示用／P.65）
- □ ワークシート（配布用／P.66）　　□ ボール

Pre Task
タスクタイム **10分**

❶ 教師は指を1本・2本と上げながら、序数（1〜31）を発音して、普通の数字との違いを児童に気付かせます。

❷ クラスを5人前後のグループに分けて、ボールを持っている児童1人が、序数（1〜31）を順番に3つまで言います。

❸ 序数を言いおえたら、時計回りにボールを渡して、次の児童が続きの序数を3つまで言います。

❹ 31を言ってしまった児童が、ゲームの負けです。

❺ グループの人数や言ってはいけない数字を変えてゲームを行うことができます。

【会話の例】

児童A: First, second, third.（好きな序数を3つまで言い、次の児童に時計回りでボールを渡します）

児童B: Fourth, fifth.（次の児童が、続きの序数を3つまで言い、同じようにボールを渡します）

児童C: Sixth.

︙

児童G: Twenty-ninth, thirtieth....

児童H: Thirty-first!（31を言った児童が、ゲームの負けになります）

2 Birthday ❷
～友達の誕生日を聞こう～

Task
タスクタイム **10**分

① クラスの児童1人ずつに、ワークシートを配布します。

② 手拍子に合わせてチャンツを歌いながら、教師Aと教師Bが「When is your birthday? / My birthday is ～.」と聞き合い、ワークシートを書きます。

③ クラス数人の児童に「When is your birthday?」と問いかけ、同じようにワークシートを書かせます。

④ 児童Aと児童Bで、誕生日を問いかけあって、タスクの見本を見せます。

⑤ クラスの児童全員で、手拍子の歌のチャンツに合わせて「When is your birthday?」の言い方を練習します。

⑥ クラスの友達に「When is your birthday?」の表現を使って誕生日を聞き、ワークシートを書きます。決められた時間内に、友達の誕生日をたくさん聞きます。

【会話の例】

 教師A: Ms. ○○, when is your birthday?

 教師B: My birthday is May fourth. Mr. ○○, when is your birthday?

 教師A: My birthday is January first. 児童A, when is your birthday?

 児童A: My birthday is ～.

 教師A: 児童A, please ask 児童B's birthday.

 児童A: 児童B, when is your birthday?

 児童B: My birthday is ～.

【タスク内の会話例】

 児童A: Hello.

 児童B: Hello.

児童A: When is your birthday?

 児童B: My birthday is ～.

児童B: When is your birthday?

 児童A: My birthday is ～.

児童A: Thank you, See you.

 児童B: Thank you, Bye.

ワンポイント・アドバイス

・教師もTaskに参加して、積極的に児童に声をかけてください。
・「When is your birthday? / My birthday is ～.」と、活動でしっかりと言うようにしましょう。
・「When is your birthday?」の練習は、手拍子の歌のチャンツを使ってリズミカルにしてください。

62

2 Birthday ③
~バースデートレインをつくろう~

- 目標 絵や言葉を使って、自分の誕生日やほしいものを相手に伝えます。
- 時間 25分（Pre Task 10分 + Task 15分）
- 文法 When is your birthday？／My birthday is ～．／What do you like／want？ I like ～．／I want ～．
- 語彙 January ～ December, first ～ thirty first

タスクを進める前に準備しよう！

☐ 列車カード（配布用／P.67）
☐ 列車カードを首からぶら下げるネックストラップ

Pre Task　　タスクタイム 10分

❶ 教師はクラスの児童1人ずつに列車カードを配布し、黒板に列車を書いて（列車カードの拡大コピーでもよい）カードの書き方を児童に教えます。

❷ 配った列車カードに、自分の似顔絵・名前・誕生日・好きなもの（絵や日本語でも可能）を書かせます。

【見本】

63

2 Birthday ③
～バースデートレインをつくろう～

Task

タスクタイム **15分**

① 教師Aと教師B（または児童）が、自己紹介のデモンストレーションを児童に見せます。教師から会話を始めます。

【練習A】

② 会話が終わったら、次は任意の相手役から会話を始めます。

【練習B】

③ 教師と任意の相手役は、自分の誕生日を比べ、誕生日の早い順番に並んだバースデートレインを作って、児童に見せます。

④ 教師と児童で、練習Aと練習Bを始めます。次は、児童同士でも練習Aと練習Bをします。

⑤ 練習が終わったら、Pre-taskで作った列車カードにネックストラップを取りつけて、児童の首から下げさせ、バースデートレインゲームを始めます。

⑥ 児童は教室を歩き、おたがいの誕生日を聞いてみます。誕生日が同じ月のみ、バースデートレインを連結して、誕生日の早い順番に並び直します。

⑦ 月ごとのバースデートレインができたら、次の会話の文を使って4月から順番に並び直し、1列のバースデートレインを作ります。

【会話の文】

※月ごとを連結する場合は、先頭同士がじゃんけんをして、勝った列から「When is your birthday?」と聞き、全員で誕生日を答え合います。その後、じゃんけんで負けたバースデートレインが同様に聞きます。

⑧ 児童の列車カードを並んだ順番に集め、列車カードを連結させます。授業後に1本の列車として、教室に掲示します。

💡 **ワンポイント・アドバイス**

・列車カードを首から下げるとき、カードに書かれている内容がヒントになります。相手のヒントにならないように、カードは裏側に向けさせてください。

・バースデートレインゲームが終わったら、連結したバースデートレインがまちがっていないか、列車カードを答えあわせに使ってください。

64

数字と月が書かれた単語カード

タスク集「Birthday ①②」で準備するもの

1 **January**	**2** **February**	**3** **March**
4 **April**	**5** **May**	**6** **June**
7 **July**	**8** **August**	**9** **September**
10 **October**	**11** **November**	**12** **December**

ワークシート   タスク集「Birthday ②」で準備するもの

When is your birthday? 〜友達の誕生日を聞こう！〜

	Name	Birthday
Ex.	さくら	Month __1__ Day __23__
1		Month _____ Day _____
2		Month _____ Day _____
3		Month _____ Day _____
4		Month _____ Day _____
5		Month _____ Day _____
6		Month _____ Day _____
7		Month _____ Day _____
8		Month _____ Day _____
9		Month _____ Day _____
10		Month _____ Day _____

列車カード タスク集「Birthday ③」で準備するもの

3 オリジナルシチュー ①
〜神経衰弱〜

- **目標** ほしいものを尋ねたり、答えたりする、ていねいな表現に慣れ親しみます。
- **時間** 20分（ Pre Task 10分 ＋ Task 10分）
- **言語材料** What would you like? I'd like 〜．
  野菜〈carrot, onion, cabbage, potato, pumpkin, Chinese cabbage, Japanese radish, green onion, spinach, lotus root〉

タスクを進める前に準備しよう！

- □ 絵カード（ゲーム用／ P.77）※1セット（10種×各2枚）
- □ 絵カード（提示用／ P.77）

Pre Task

タスクタイム **10分**

1. 絵カード（提示用）を使って、野菜の名前を確認します。
2. 会話の例のように児童に質問をして、答えに出た絵カードを黒板に貼っていきます。

【会話の例】

教師：
I'd like cabbage in my salad.
What vegetables would you like in your salad?

児童A： Tomato.

（教師はトマトの絵カードを黒板に貼ります）

教師： Tomato! Nice!

How about stew?
I'd like a carrot in my stew.
What vegetables would you like in your stew?

児童B： Potato.

（教師はじゃがいもの絵カードを黒板に貼ります）

教師： Potato! Great!

3 オリジナルシチュー ❶
~神経衰弱~

Task　　　　　　　　　　　　　　　タスクタイム **10**分

❶ クラスの児童を3人ずつのグループに分けて、絵カード1セットをグループごとに配布します。

❷ 配布した絵カードを裏返して、机の上に広げます。グループの2人が「What would you like?」と質問をして、残りの1人が裏返した絵カードを1枚めくって「I'd like ~ .」と答えます。

❸ 同じ児童が絵カードをもう1枚同じように裏返し、同じ野菜の絵が揃ったら、揃ったカード2枚をもらいます。違う野菜の絵のときは、裏返して元に戻します。絵カードをめくる児童を交代して、ゲームをすすめます。

【会話の例】

児童AとB

What would you like?

児童C

（絵カードを1枚めくります）
I'd like a tomato.

児童BとC

What would you like?

児童A

（絵カードを1枚めくります）
I'd like a potato.

❹ 絵カードがなくなるまで、ゲームを繰りかえします。たくさんの絵カードを持っていた児童が勝ちです。

💡 ワンポイント・アドバイス
・グループ内でフレーズを使って練習できるように、児童が答えを言わなかったときは、絵カードを戻してやり直しをしてもよいです。

3 オリジナルシチュー ❷
～インタビューゲーム～

目　標	ほしいものを尋ねたり、答えたりする、ていねいな表現を使います。
時　間	20分（Pre Task 5分 ＋ Task 15分）
言語材料	What would you like? I'd like ～． 野菜〈carrot, onion, cabbage, potato, spinach, Chinese cabbage, pumpkin, Japanese radish, green onion, lotus root〉

タスクを進める前に準備しよう！
☐ 絵カード（提示用／P.77）
☐ ワークシート（P.78）

Pre Task　　タスクタイム 5分

1. 教師は絵カード（提示用）を使って、野菜の名前を児童といっしょに復習します。
2. タスクを始める前に、教師同士でデモンストレーションを見せます。
3. 児童全員で「What would you like?」と教師に聞き、教師は「Id' like ～．」を使って答えます。
4. 次に、教師と児童が役割を交代して、教師が「What would you like?」と聞き、児童は、教師が見せた絵カードを使って答えます。

【会話の例】

児童全員: What would you like?

教師: Id' like ～．

3 オリジナルシチュー ❷
～インタビューゲーム～

Task　タスクタイム **15**分

① 児童1人ずつに、ワークシートを配布します。クラスの児童を2人ずつのペアに分けて、インタビューゲームを始めます。

② ワークシートの25マスのうち、2マスに「☺マーク」を書いて、ペアになった児童同士で交互に質問をします。

③ 児童Aが「What would you like?」と質問をします。

④ 児童B（質問された児童）は、ワークシートの縦列と横列から、野菜を1つずつ選んで答えます。児童Bは、選んだ野菜の空欄に「✓」を書きます。もし「☺マーク」が書いてあったばあいは「Oh no!」と言います。

[会話の例]

児童A

What would you like?

I'd like a carrot and an onion, please.
（選んだ野菜の空欄に「✓」を書きます）

児童B

Okay.

What would you like?

I'd like pumpkin and spinach, please.

Oh, no!
（選んだ野菜の空欄に「☺マーク」が書いてあったばあい）

⑤ 質問をする側とされる側の役割を交代して、インタビューゲームを繰りかえします。1つでも「☺マーク」が多く残っていた児童が勝ちです。

💡 **ワンポイント・アドバイス**
・インタビューゲームが早く終わってしまったペアは、ワークシートの空欄に「☺マーク」を足して、続けさせてください。
・「☺マーク」を当てられたら、悔しそうにジェスチャーをすると、インタビューゲームが面白くなります。

3 オリジナルシチュー ❸
〜ショッピングゲーム〜

目 標	注文したり注文を受けたりし、また、作ったものを英語で説明して、友達と会話をして伝えあいます。
時 間	30分（ Pre Task 5分 ＋ Task 25分）
言語材料	What would you like? I'd like 〜. 野菜〈carrot, onion, cabbage, potato, pumpkin, Chinese cabbage, Japanese radish, green onion, spinach, lotus root〉 その他の具材〈chicken, beef, pork, sausage, shrimp〉等

タスクを進める前に準備しよう！

□絵カード（提示用／P.77）
□絵カード（ゲーム用／オリジナルシチュー作成用　P.77）
□その他の具材（食材）絵カード（各自で準備してください）
□鍋の絵が描かれたワークシート（ペア数／P.80）
□お店の看板
□値段表
□お金シート（P.79）

Pre Task

タスクタイム **5** 分

❶ 教師は絵カード（提示用）を使って、児童といっしょに単語の復習をします。

【会話の例】

教師: What would you like?

児童: I'd like a potato and an onion.

教師: What would you like?

児童: I'd like a tomato and a carrot.

73

3 オリジナルシチュー ❸
～ショッピングゲーム～

Task　タスクタイム 20分

❶ クラスの児童をAとBの2グループに分けます。各グループ内で、児童を2人ペアずつにします。各ペアに、鍋の絵が描かれたワークシートを1枚配布します。

❷ 教室に3つのお店をつくり、Aグループはお店屋さん役で、Bグループはお客さん役になります。

❸ Aグループの児童はそれぞれお店を担当し、Bグループの児童はペア同士で、お店にオリジナルシチュー用の具材を買いに行きます。

❹ 具材を1人3つずつ買います。

❺ 10分経過したら、AとBグループの役割を交代して、再びショッピングゲームを始めます。

【会話の例】

Bグループ

Aグループ

Hello.
What would you like?

Hello.

I'd like ○○, △△, and □□.

○○, △△, and □□. That's ＿＿＿ yen.

Here you are.（お金を渡します）

Thank you.
This is your change.（お金があれば渡します）
Here you are.（具材を渡します）

Thank you. See you.

See you.

【教室内のレイアウト例】

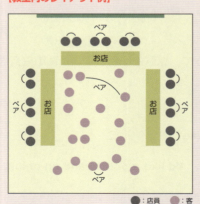
●：店員　●：客

💡 ワンポイント・アドバイス

・お金の交換が難しいときは、お金の交換を行わず、チケット制にしてもよいです。
・ペア同士で買い物に行っても、別々で買い物に行ってもいいです。

3 オリジナルシチュー ④
～ Show & Tell ～

目 標 ていねいな表現を使って、相手のほしい物を尋ねたり、自分のほしい物を答えたりします。

時 間 30分（Pre Task 10分 ＋ Task 20分）

言語材料 What would you like? I'd like ～ .
野菜〈carrot, onion, cabbage, potato, pumpkin, Chinese cabbage, Japanese radish, green onion, spinach, lotus root〉
その他の具材〈chicken, beef, pork, sausage, shrimp〉

タスクを進める前に準備しよう！

☐ 絵カード（提示用／P.77）
☐ 鍋の絵が描かれたワークシート（配布用／P.80）
☐ 絵カード（ゲーム用／オリジナルシチュー作成用／P.77）
☐ 白紙のカード（児童が自分で考えた具材を描く紙）
☐ クイズ用のダミーシチューの絵（P.81を参考）
☐ 得点表（P.82）
☐ のり
☐ 色鉛筆
☐ はさみ

タスクタイム **10分**

1. 教師は絵カード（提示用）を使って、児童といっしょに単語の復習をします。
2. "オリジナルシチュー③"のショッピングゲームと同じペアで活動します。
3. ペアに、鍋の絵カードと白紙のカードを1枚ずつ配布します。
4. "オリジナルシチュー③"で集めた絵カードを、のりで鍋の絵カードに貼って、オリジナルシチューを作り名前を決めます。
5. 白紙のカードに、1人1つ考えた具材とオリジナルシチューの名前を色鉛筆で描いて、オリジナルシチューに追加します。（名前は投票時に使用するため切り離して取っておく）

3 オリジナルシチュー ❹
~ Show & Tell ~

Task   タスクタイム 20分

① 教師は、すべてのオリジナルシチューの絵とクイズ用のダミーシチュー絵を黒板に貼って、番号をつけます。

② クラスを3グループに分けて、それぞれのグループで以下のように活動します。

③ 1ペアを代表として前に出させます。グループの残りのメンバーで会話の例のようにシチューの具材を質問します。会話を2回繰りかえして食材が4つ出たら、シンキングタイムを15秒間、そのグループに与えます。

④ 制限時間が終わったら、予想したオリジナルシチューの番号をいっせいに言います。

⑤ 代表のペアは、黒板に貼られた正解のオリジナルシチューを指さして、名前を発表します。

⑥ 全グループが発表を終えたら、貼り出したシチューの下に名前のカードを貼ります。

⑦ 児童全員で、食べたいと思うオリジナルシチューを1つ選ばせて、クラス人気No.1のシチューを決めます。

【会話の例】

児童A: Hello, I'm ~ (name).

児童B: Hello, I'm ~ (name).

児童AとB: Find our original stew!

児童全員: What vegetable would you like?

児童A: I'd like a tomato and an onion.

児童全員: What vegetable would you like?

児童B: I'd like an onion and a potato.

【会話の例】

児童全員: Which is your stew?

児童AとB: This one! It's たまねぎ いっぱい stew!

ワンポイント・アドバイス

・ペアごとに作ったオリジナルシチューの数に応じて、クイズ用のダミーシチューの絵の点数を変えるとよいでしょう。
・ドットステッカーやマグネットを使って投票するのもいいです。
・自分のシチュー以外に投票させましょう。
・人数が多いばあいは、クラスを複数のグループに分けて行ってください。

絵カード（ゲーム／提示用） タスク集「オリジナルシチュー①②③④」で準備するもの

77

ワークシート

タスク集「オリジナルシチュー②」で準備するもの

ほしい野菜はどれ？
〜友達の☺マークを当てよう〜

	carrot	cabbage	potato	spinach	Chinese cabbage
onion					
pumpkin					
Japanese radish					
green onion					
lotus root					

78

お金シート

タスク集「オリジナルシチュー③」で準備するもの

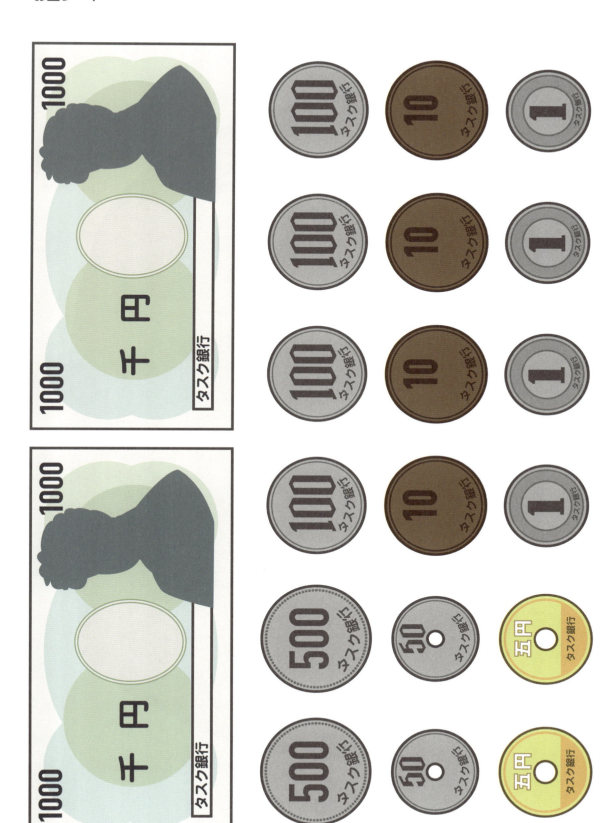

鍋の絵が描かれたワークシート

タスク集「オリジナルシチュー③④」で準備するもの

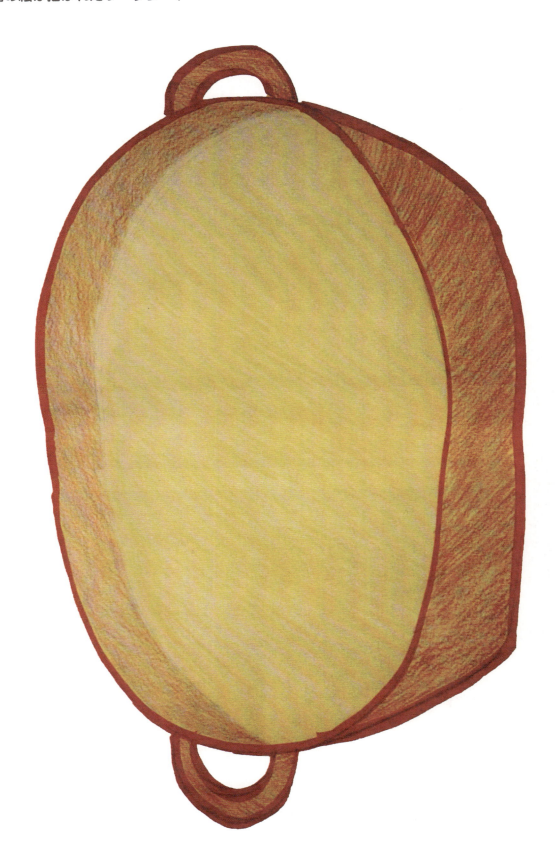

クイズ用のダミーシチュー（参考）

タスク集「オリジナルシチュー④」で準備するもの

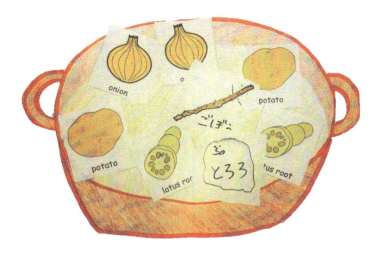

得点表（参考）

タスク集「オリジナルシチュー④」で準備するもの

3	6
2	5
1	4

4 できることを紹介しよう ❶
~ Touch and Go ~

目　標 「私〜できます。／〜できません。」の表現「I can 〜 . ／ I can't 〜 .」に、慣れ親しみます。

時　間 20分（ 5分 ＋ 15分）

言語材料 I can 〜 . ／ I can't 〜 .

動作を表す単語〈fly, ski swim, cook, dance, sing, hula hoop, skate, play *kendama*, play the piano〉

タスクを進める前に準備しよう！

☐ **単語カード**（提示用／ P.89）

Pre Task　　　　　　　　　　　　　　　タスクタイム **5** 分

❶ 単語カードを黒板に貼って、児童にジェスチャーを交えながら単語を紹介します。

❷ 児童といっしょにジェスチャーをしながら、単語を読む練習をします。

4 できることを紹介しよう ❶
~ Touch and Go ~

Task
タスクタイム **15**分

① 教師と児童でデモンストレーションを見せます。

② クラスの児童を2チームに分けて、黒板に貼った単語カードの両端に各チーム並びます。カードにタッチしながら「I can fly.」「I can sing.」のように英文を言い、相手チームのほうに向かっていきます。対戦チームの児童と出あったところで、じゃんけんをします。勝った児童は前に進み、負けた児童は次の児童に交代します。

③ 相手チームのいる反対側端まで、先に着いたチームの勝ちです。終わったら「I can't」に変えて、再度ゲームを始めます。

【会話の例】

Aチーム

I can fly.
I can ski.
I can play the piano.
I can cook.
I can dance.

Bチーム

I can sing.
I can skate.
I play kendama.
I can swim.
I can hula hoop.

Rock scissors paper one two three!

【教室のレイアウト図】

ワンポイント・アドバイス

・「I can ～ .」「I can't ～ .」でゲームを行った後に、自分のできるものは「I can ～ .」で、できないものは「I can't ～ .」と言いながらゲームをするといいでしょう。

・各チーム2人ずつペアになって「Can you ski?」「Yes, I can.」と、会話をしながらゲームをすることもできます。

4 できることを紹介しよう ②
~ Walking BINGO!! ~

- **目標** 「Can you ～?」を使って友だちにできることを尋ねる。また、できるか、できないかを「Yes, I can. ／ No, I can't.」と答えることできます。
- **時間** 20分（Pre Task 5分 ＋ Task 15分）
- **言語材料** Can you ～ ? Yes, I can. ／ No, I can't.

　動作を表す単語〈fly, ski swim, cook, dance, sing, hula hoop, skate, play *kendama*, play the piano, ride a unicycle, eat *natto*〉

タスクを進める前に準備しよう！
- □ ビンゴカード（P.90）
- □ 単語カード（配布用／P.89）
- □ けん玉　□ お手玉

Pre Task　タスクタイム 5分

① 教師は児童に「Can」が使うイメージを持たせるために、けん玉やお手玉を使って会話をします。

② 教師から教師へ、そして教師から児童へと会話の質問を広げていきます。

【会話の例】

教師A：Can you play *kendama*?

Yes, I can.（じっさいにやって、できることをアピールします）

Can you play *otedama*?

教師Bや児童

No, I can't.（じっさいにやって、できないことをアピールします）

85

4 できることを紹介しよう ❷
~ Walking BINGO!! ~

Task　タスクタイム 15分

❶ クラスの児童1人ずつに、ビンゴシートを配布します。

❷ 教師は単語カードを1枚選び、ビンゴシートに書かれた絵を確認して読みます。すべての単語カードとビンゴシートの絵を確認します。

❸ ビンゴシートのアンダーライン箇所に単語カードの単語を書いて、自分のできるものには「○」、できないものには「×」を書きます。

【会話の例】

児童A（勝ち）

Can you swim?
Can you dance?

児童B（負け）

Yes, I can.
No, I can't.

❹ 教師と児童で、デモンストレーションでやり方を見せます。

❺ 児童はビンゴシートを持ち、教室を歩き回り、相手をみつけて「Can you ～?」を使って聞きあいます。

❻ 聞かれた児童は「Yes, I can.」と答えて、その答えが自分のビンゴシートの「○」と一致すれば、名前のサインをもらえます。また「No, I can't.」と答えて、その答えが自分のビンゴシートの「×」と一致するばあいも、勝った児童から名前のサインをもらえます。

❼ ビンゴシートの縦・ななめ・横の1列に名前のサインが揃えば、ビンゴになります。ビンゴになっても、すべての欄に名前のサインがもらえるようにゲームを続けます。

❽ ゲームが終わったら自分の席に戻って、机の隣同士で、できること・できないことを紹介し合います。

【会話の例】

児童A

Shuhei can dance.
Masaru can't sing.

Takuya can't eat natto.
Sakura can skate.

児童B

Yes, I can.

Can you swim?

4 できることを紹介しよう ❸
~ Let's find friend's ROBOT ~

- 目標　今までに習った can の表現を使って、1人で発表できるようになります。
- 時間　25分（ Pre Task 10分 + Task 15分）
- 言語材料　I can. ／ I can't.　Can you 〜 ? ／ Yes, I can. ／ No, I can't.

　　　　　動作を表す単語〈fly, ski swim, cook, dance, sing, hula hoop, skate, play *kendama*, play the piano, ride a unicycle, eat *natto*〉

タスクを進める前に準備しよう！
☐ 単語カード（P.89）
☐ ワークシート（配布用／P.91）
☐ 色鉛筆

タスクタイム **10分**

❶ できることを紹介しよう①で覚えた単語を、単語カードとジェスチャーをしながら児童といっしょに、復習をします。そのさいに、児童もいっしょにジェスチャーするようにしましょう。

❷ 教師は、自分ができないことができる理想のオリジナルロボットを考えてワークシートに書き、それを児童に紹介します。

4 できることを紹介しよう 3
~ Let's find my friends' ROBOT ~

Task
タスクタイム **15**分

① クラスの児童1人ずつに、ワークシートを配布します。

② 児童はPre-taskで復習した単語と「can ／ can't」を使って、自分ができないことができるオリジナルロボットを考えます。

③ ワークシートに考えたオリジナルロボットの絵と4つの文章を作ります。同様に、聞くシートにも同じ文章とイラストを転記します。

④ オリジナルロボットの絵と4つの文章を作り終えたら、ワークシートを「聞くシート」と「答えるシート」に切り分けます。

⑤ クラスをA・Bの2グループに分けます。

⑥ 教師は「聞くシート」を児童からすべて回収して、各グループに配ります。（AグループのものはBグループに、BグループのものはAグループに）

⑦ はじめに、Aグループは配布された「聞くシート」を使い、Bグループから対応する「答えるシート」を持っている児童を探します。見つけたらペアになり、席につきます。

⑧ 座った児童から、できあがった絵について、座った児童同士で紹介しあいます。

⑨ 全員座ったら、立場を変え、BグループがAグループから、対応する児童を探します。

⑩ ゲームが終わったら、教師は発表できそうな児童を2～3人を指名して、教卓の前で発表させます。

💡 ワンポイント・アドバイス

・「cook omelet, swim 100m, dance ballet, play the violin」などの単語を使って、表現をしてもいいです。

単語カード

タスク集「できることを紹介しよう①②③」で準備するもの

fly	**ski**
swim	**cook**
dance	**sing**
hula hoop	**skate**
play *kendama*	**play the piano**

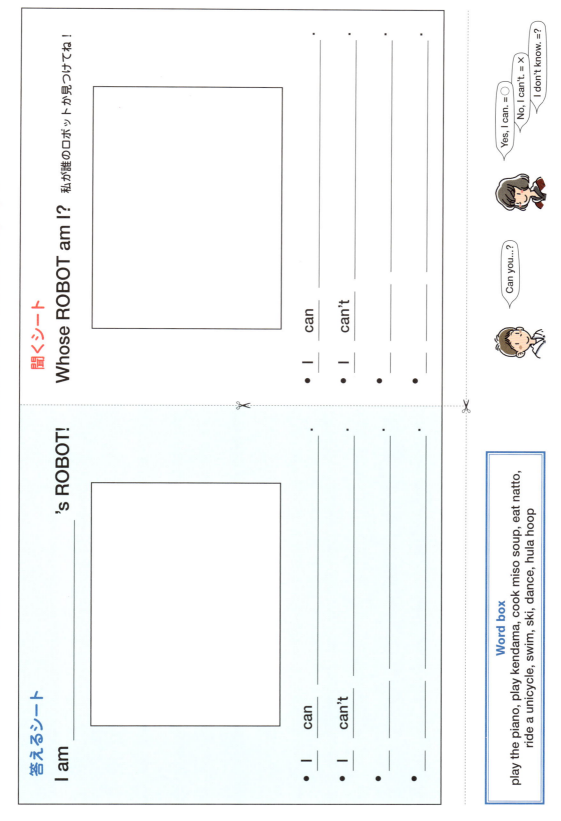

5 オリジナルスノーマンを作ろう ❶
～ Make a Snowman ～

目　標	絵本を通して異文化に触れます。
時　間	35分（ Pre Task 15分 ＋ Task 20分）
言語材料	snowman, face parts〈eyes, nose, mouth, ears〉 アクセサリー〈mittens, cap, hat, scarf, tie, buttons〉

タスクを進める前に準備しよう！

☐ "Snowmen at Night" の絵本
　（入手しにくいばあいは P37からの絵本リストを参照のうえ、応用してください）
☐ オリジナルスノーマンの頭にかぶる帯（画用紙）
☐ オリジナルスノーマンの輪郭が描かれた紙（配布用／P.100）
☐ アクセサリーが描かれた紙（配布用／P.101）
☐ 輪ゴム　☐ ホッチキス　☐ はさみ・のり・色鉛筆（児童に準備させてください）

 タスクタイム 15分

❶ 教師は "Build a snowman" を歌いながら、児童に歌用の絵とジェスチャーを見せます。

[Build a snowman の歌]

Build a snowman
（雪だるまを作るジェスチャー）
Build a snowman
Build a snowman, big and round
（大きいと丸いをジェスチャー）
Shape 3 snowballs
different sizes
stack them tall, and add a face
（積み重ねるジェスチャー）

Dress the snowman
（2人1組で洋服を着せるジェスチャー）
Dress the snowman
Dress the snowman, big and round
Dress him in last Winter's clothing
tie his scarf, and add a hat
（マフラーと帽子を着せるジェスチャー）

When the sun
（太陽のジェスチャー）
When the sun
When the sun shines so bright
（太陽が輝く、まぶしいジェスチャー）
Watch him melt and disappear
（なくなるジェスチャー）
until Winter comes again

 ワンポイント・アドバイス
・歌の歌詞に合わせて歌いながら、黒板にスノーマンを作っていきます。児童には、どのような内容を歌っているかを理解させてください。

❷ 教師は "Snowmen at Night" の絵本を読んで、児童に聞かせます。

参考：Build a snowman（出典：YouTube Nursery Rhymes by Little Fox）

5 オリジナルスノーマンを作ろう ❶
~ Make a Snowman ~

Task
タスクタイム **20**分

❶ クラスの児童全員が、はさみ・のり・色鉛筆を持っているか確認します。

❷ 児童1人ずつに、オリジナルスノーマンの輪郭が描かれた紙・アクセサリーが描かれた紙・土台となる紙を配布します。アクセサリーが描かれた紙にどんなアクセサリーがあるか、いっしょに確認します。教師は、オリジナルスノーマンの見本を見せながら、作り方を説明します。

【作り方の説明例】

> What do you want for your snowman?
> I want a cap, scarf and mittens.
> How about you? What do you want?
> Please cut what you want!
>
> Then, let's make snowman's face!
> Snowman has eyes, nose, mouth.
> You can cut the parts from the card or you can draw the parts.
>
> After cutting, please glue them on your snowman.

❸ 輪郭にそってスノーマンを切りとります。

❹ 自分の好きなアクセサリーを選んで、オリジナルスノーマンの紙に貼っていきます。

❺ 色鉛筆で色塗りをして、オリジナルスノーマンをすてきに仕上げます。

❻ 頭にかぶる帯となる紙を、各児童の頭のサイズに合わせて円形にして、完成したオリジナルスノーマンを輪ゴムで止め、王冠の形のようにします（図）。

完成したオリジナルスノーマン

参考：Snowmen at Night ／ Caralyn Buehner （出典：Penguin Group）

5 オリジナルスノーマンを作ろう ❷
〜ジェスチャーゲーム〜

目標 体を動かす表現を知り、その表現にも慣れ親しみます。
時間 25分（ Pre Task 10分 ＋ Task 15分）
言語材料 drinking, skating, laughing, jumping, turning, falling down, playing, throwing, sledding

タスクを進める前に準備しよう！

☐ 絵カード （P.102）
☐ "Snowmen at Night" の絵本

Pre Task
タスクタイム **10分**

❶ 教師は "Snowmen at Night" の絵本を、児童に読んで聞かせます。
❷ 読んで聞かせながら、絵本の内容を児童に確認するように、質問をします。また、教師は児童にジェスチャーもうながします。

【会話の例】

教師: Let's read the story again together. What is the boy making?
児童: Snowman!
教師: That's right. What are they doing?
児童: Drinking.（教師は児童にジェスチャーをさせます）
教師: What are they drinking?
児童: cocoa.
教師: Yes. Great! They are drinking iced cocoa. Then what are they doing?
児童: They are skating.
教師: Can you do skate?
児童: Yes.（教師は児童にジェスチャーをさせます）
教師: Next what are they doing?
児童: They are playing baseball.

95

5 オリジナルスノーマンを作ろう ❷
～ジェスチャーゲーム～

Task　　　　　　　　　　　　　　　　　　　タスクタイム **15**分

① 教師は絵カードを児童に見せながら、体を動かす単語を紹介します。紹介した単語を使って、児童全員で体を動かしながら、ジェスチャーゲームの練習をします。

② クラスの児童を2つのグループに分けて、各グループの代表者を1人ずつ決めます。

③ 教師は各グループの代表者のみに、お題となる動作用のカードを見せます。

④ 各グループの代表者は、自分のグループに戻ります。教師の「ジェスチャーゲーム開始」の合図で、ジェスチャーを始めます。

⑤ 各グループの児童は、代表者のジェスチャーの意味を当てます。早く正解したグループに1ポイントを与えます。

💡 ワンポイント・アドバイス

・教師は絵本の内容を児童に質問するときは、ヒント（絵を指差す・ジェスチャーをする）を与えてください。
・お題となる動作を各グループ同じにしたときは、おたがいの代表者がするジェスチャーが見えないように、児童の立ち位置を配慮するようにしてください。
・優劣や、人とせりあうことを児童に配慮するときは、お題となる動作を、各グループで異なるように与えることで競争ではなく楽しく活動することができます。

5 オリジナルスノーマンを作ろう ❸
～ジェスチャーを考えよう～

目標 体を動かしながら、動作の表現に慣れ親しみます。

時間 25分（ Pre Task 10分 ＋ Task 15分）

言語材料 drinking, skating, laughing, jumping, turning, falling down, playing, throwing, sledding

タスクを進める前に準備しよう！

☐ **オリジナルスノーマン**（オリジナルスノーマンを作ろう①で作成／P.93）
☐ **絵カード**（P.102）
☐ **"Snowmen at Night" の絵本**

Pre Task

タスクタイム **10分**

① 児童は、自分で作成したオリジナルスノーマンを、頭の上にお面としてかぶります。

② 教師は児童に声をかけて、児童は "Snowmen at Night" の絵本に登場するスノーマンになり、大きな声で答えて体を動かします（drinking, skating, laughing, jumping, turning around, falling down, playing baseball, throwing, sledding）。

【会話の例】

教師：Snowmen are skating.
Everyone, can you do it? Let's do it together!

児童：Skating!!（ジェスチャーをしながら）

教師：Snowmen are laughing.
Everyone, can you do it? Let's do it together!

児童：Laughing!!（ジェスチャーをしながら）

教師：Snowmen are jumping.
Everyone, can you do it? Let's do it together!

児童：Jumping!!（ジェスチャーをしながら）

5　オリジナルスノーマンを作ろう ③
～ジェスチャーを考えよう～

Task　タスクタイム 15分

① 教師は絵カードを使って、ジェスチャーを使いながら、動作の表現を練習します。練習するときは、児童が知っている動作の表現を引き出します（eating, dancing, running, swimming, flying, clapping etc）

② クラスの児童を3グループに分けて、各グループで1人1つずつ、好きな動作を考えさせて、決めてください。

③ 児童は、決めた動作をグループのメンバーに教えます。

④ グループ内で順番を決めて、"Snowmen at Night" の絵本内容の順番で、ジェスチャーを練習します。

⑤ 教師は、児童の練習中にジェスチャー（動作の表現）のチェックを1度します。チェックに合格したら、続けて練習をさせます。また不合格のときは、まちがっている箇所を正しく直して、再練習させてからチェックをします。

💡 ワンポイント・アドバイス
・児童が習っていない動作の表現を選んだら、その場で教えてください。
・動作の表現で「drinking, eating, playing」の後には、どんな単語を入れて文章を作ってもいいでしょう。

5 オリジナルスノーマンを作ろう ④
～オリジナルストーリーを発表しよう～

目　標	体を動かしながら、オリジナルのストーリーを発表します。
時　間	35分（ Pre Task 10分 ＋ Task 25分）
言語材料	drinking, skating, laughing, jumping, turning, falling down, playing, throwing, sledding

タスクを進める前に準備しよう！

☐ **オリジナルスノーマン**（オリジナルスノーマンを作ろう①で作成／P.93）
☐ **絵カード**（P.102）
☐ "Snowmen at Night" の絵本

Pre Task

タスクタイム **10分**

❶ 教師は "Snowmen at Night" の絵本を読んで、児童は考えたジェスチャーを練習します。

Task

タスクタイム **25分**

❶ グループごとにジェスチャーの練習をします。

❷ 練習が終わったら、グループごとに教卓の前に出て、発表します（1グループ5分）

❸ 児童はオリジナルスノーマンになって、考えたジェスチャーで "Snowmen at Night" の絵本のお話を発表します。見ている児童も、オリジナルスノーマンになって、同じジェスチャーをして体を動かします。

ワンポイント・アドバイス
・体を動かす時間が長く、児童が騒いでしまうときがあります。騒いだときは、絵本を読んでいない教師が中心になって指導し、授業に集中させてください。

99

オリジナルスノーマンの輪郭が描かれた紙 タスク集「オリジナルスノーマンを作ろう①」で準備するもの

アクセサリーが描かれた紙 タスク集「オリジナルスノーマンを作ろう①」で準備するもの

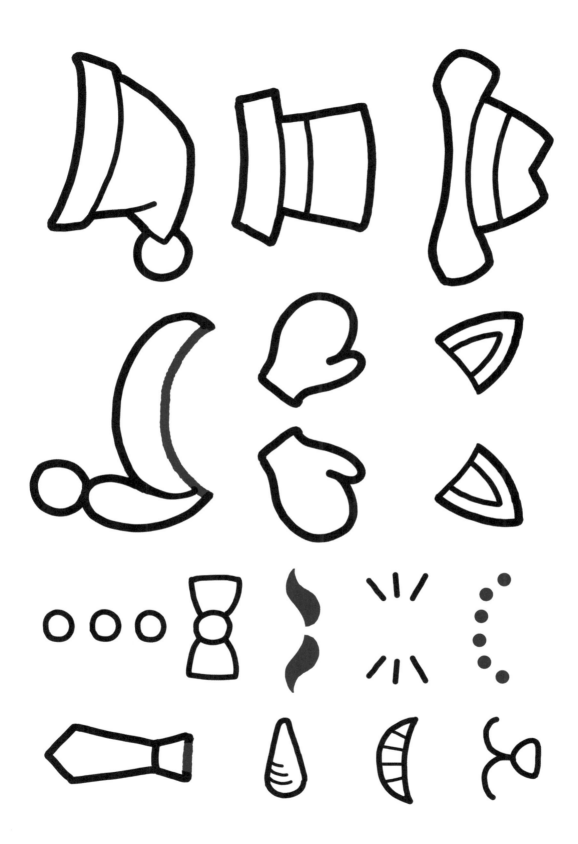

絵カード　　　　　　　　　　　　　　　　　タスク集「オリジナルスノーマンを作ろう②③④」で準備するもの

6 私は・・・になりたい ❶
~将来の夢~

目標 職業に関する単語を知り、それらに慣れ親しみます。

時間 20分（ Pre Task 5分 ＋ Task 1 5分／ Task 2 10分）

言語材料 What do you want to be? I want to be a 〜.

職業〈baker, artist, vet, baseball player, dancer, florist, teacher, cook, actor, fashion designer, doctor, scientist, nurse, police officer, singer, pilot, farmer, zoo keeper, comedian〉

タスクを進める前に準備しよう！

☐ 絵カード（提示用／P.109）
☐ CD
☐ "What do you want to be?" の英語歌詞（P.110）
　参考："What do you want to be?" ／作詞者：Richard Graham ／出版社：元気イングリッシュ

 Pre Task　　　　　　　　　　　　　　　タスクタイム **5** 分

❶ 教師は "What do you want to be?" の英語歌詞を歌います。

❷ 教師は歌に出てくる単語を含めて、絵カードを児童に紹介しながら、どんな職業に就きたいかを聞きます。

【会話の例】

教師

Who wants to be a teacher?
I want to be a teacher. Please raise your hand.
Who wants to be a cook?
I want to be a cook. Please raise your hand.

103

6 私は・・・になりたい ❶
~将来の夢~

Task 1
タスクタイム **5**分

1. 絵カードをすべて黒板に貼り、児童といっしょに英語での伝え方を確認します。
2. 黒板の絵カードをすべて取り外して、その中の1枚のカードを別にしておいてください。
3. 絵カード1枚ずつ発音しながら、黒板に1枚ずつふたたび貼っていきます。
4. 児童に、別にしておいたカードが何のカードかを当てさせます。

【会話の例】

教師と児童全員

Rock star, baker, artist…police officer. There are 19 cards.
Rock star, baker, artist…police officer.

There are 18 cards. 1 card is missing. What's missing?

教師

Task 2
タスクタイム **10**分

1. クラスの児童を10人ごとのグループに分けて、1列ずつに並ばせます。
2. 列の先頭児童に前に出てきてもらい、職業に関するお題の職業を与えます。
3. お題の職業を与えられた児童は、列に戻って2番目の児童にジェスチャーで伝えます。
4. 2番目の児童は、ジェスチャーの職業を「I know」と言って答えます。正解した両方の児童に1ポイントを与えます。
5. 先頭の児童は列のいちばん後ろに並び、2番目の児童は次の児童にジェスチャーをして、職業を伝えます。
6. すべての児童がゲームに参加できるように10回繰りかえして、チーム対抗戦で獲得ポイントを競います。

💡 ワンポイント・アドバイス

- ゲームに慣れてきたら、絵カードの並べる順番を変えたり、別にしておくカード枚数を増やしたりして、少しずつゲームを難しくしてください。(Task 1)
- ジェスチャーの職業を答えるときは、「I know ~.」と言ってから答えてください。(Task 2)

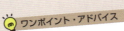

6 私は・・・になりたい ②
～仲間を探そう！～

- **目標** 「What do you want to be? I want to be a ～ .」を使い、なりたい職業を聞いたり答えたりします。
- **時間** 20分（Pre Task 10分 ＋ Task 10分）
- **言語材料** What do you want to be? I want to be a ～ .

  職業〈baker, artist, vet, baseball player, dancer, florist, teacher, cook, actor, fashion designer, doctor, scientist, nurse, police officer, singer, pilot, farmer, zoo keeper, comedian〉

タスクを進める前に準備しよう！
- □ 絵カード（提示用／P.109）　□ 絵カード（配布用×2セット／P.109）
- □ "What do you want to be?" の英語歌詞（P.110）

Pre Task
タスクタイム 10分

1. "What do you want to be?" の歌を歌う前に、クラスの児童を2つのグループに分けて、グループごとにAとBの歌パートを決めてから歌います。
2. 児童のグループ（7～8人）ごとに丸い円をつくり、順番を決めます。
3. 1番目の児童にグループ全員で「What do you want to be?」と聞いて、1番目の生徒は「I want to be a ～ .」を使って、自分のなりたい職業を答えます。
4. 2番目の生徒にも同様に質問した後、1番目の児童が答えた職業と合わせて答えます。

【会話の例】

グループ全員: What do you want to be?

児童A: I want to be a AAA.

グループ全員: What do you want to be?

児童B: 児童A want to be a AAA, I want to be a BBB

グループ全員: What do you want to be?　以下同様

6 私は・・・になりたい ❷
~仲間を探そう!~

Task
タスクタイム **10**分

❶ 教師Aと教師Bで、次のような2種類のデモンストレーションを児童に見せます。

【絵カードが同じばあい】
あいさつ

教師A: What do you want to be?

教師B: I want to be a 〜. What do you want to be?

教師A: I want to be a 〜, too.

教師AとB: Done!!（手を上げてアピールします）

【絵カードが違うばあい】
あいさつ

教師A: What do you want to be?

教師B: I want to be a 〜. What do you want to be?

教師A: I want to be a 〜.

教師B: Thank you, good bye.

教師A: Good bye.

❷ クラスの児童1人ずつに、絵カードを1枚ずつ配布します。（クラスの児童人数によって、何種類の職業を使うかを決めてください／例：クラス児童30人→15種類の職業）

❸ 教師Aと教師Bで見せた、上記のデモンストレーションの会話を使って、児童同士で会話をします。（児童は教室を自由に動き回らせます）

❹ 答えるときは、自分が持っている絵カードの職業を答えます。同じ職業の児童が見つかったら、2人ペアになって教師に伝えに行きます。

💡 ワンポイント・アドバイス

・児童が各ゲームで答えを言うときは、ジェスチャーをするように声をかけて、ジェスチャーと単語をセットで覚えるようにしてください。

106

6 私は・・・になりたい ③
〜こんな人になりたいの！〜

目　標　「What do you want to be? I want to be a 〜 .」を使って、自分がなりたい職業を、聞いたり答えたりします。

時　間　25分（Pre Task 5分 ＋ Task 20分）

言語材料　What do you want to be? I want to be a 〜 . I like 〜 .

職業〈baker, artist, vet, baseball player, dancer, florist, teacher, cook, actor, fashion designer, doctor, scientist, nurse, police officer, singer, pilot, farmer, zoo keeper, comedian〉

タスクを進める前に準備しよう！

☐ 絵カード（提示用／P.109）
☐ 自己紹介カード（配布用／P.111）
☐ 結果記入シート（配布用／P.112）
☐ はさみ
☐ のり
☐ "What do you want to be?" の英語歌（P.110）

Pre Task　　　　　　　　　　　　　　　タスクタイム **5**分

❶ 教師は "What do you want to be?" の英語歌を、児童といっしょに歌います。ABグループに分けて、会話風に歌います。

107

6 私は…になりたい 3
～こんな人になりたいの！～

Task　　　　　　　　　　　　　　　　タスクタイム **20**分

1. クラスの児童1人ずつに、自己紹介カードを6枚と、結果シートを1枚ずつ配布します。

2. 児童は、すべての自己紹介カードに、自分の名前となりたい職業（夢）を英語で書き、その下の破線枠には、英語で書いた職業に関するものを絵で描きます。

3. 教師Aと教師Bで、自己紹介のデモンストレーションを児童に見せます。

【自己紹介の例】

教師A
Hello. I'm ～.
I like ～.（人やもの）
I want to be a ～.

教師B
Hello. I'm ～.
I like ～.（人やもの）
I want to be a ～.
Nice to meet you.

Nice to meet you, too.

4. クラスの児童を6人1グループに分けて、グループ内で2人ペアをつくります。上記の自己紹介の例を使って、おたがいに自己紹介をします。

5. 自己紹介が終わったら、おたがいの自己紹介カードを交換します。

6. グループ内でペアを変えて、グループの児童全員と会話をします。全員と会話が終わったら、自己紹介カードを結果記入シートに貼ります。貼った下の欄に、各児童の名前となりたい職業（夢）を書きます。

7. 教師は、グループごとにクラスで1番人気の職業（夢）を予想させます。

8. 1グループずつ教卓の前に出てきてもらい、1人ずつ「I want to be a ～.」を使って、自分のなりたい職業（夢）を発表させます。

9. 教師は、黒板に児童全員のなりたい職業（夢）を書いて、集計して順位を発表します。

ワンポイント・アドバイス

・児童自身が、本当になりたい職業（夢）で行わせてもいいです。そのときは、職業名を教師に聞くか、日本語で書いてもよいことにします。相手に伝えるときは、ジェスチャーなどを使って、より伝わるようにしてください。
・児童が発表しやすいように、教師が発表の見本を先に見せてもいいです。
・グループ内で、児童の発表順番を相談する時間を設けてもいいでしょう。

絵カード　　　タスク集「私は・・・になりたい②③」で準備するもの

"What do you want to be?" の英語歌　　　　　タスク集「私は・・・になりたい①②③」で準備するもの

What do you want to be?

What do you want to be?
What do you want to be?

I want to be a rock star.
I want to be a baker.
I want to be an artist.
I want to be a vet.

I want to be a rock star.
I want to be a baker.
I want to be an artist.
I want to be a vet.

What do you want to be?
What do you want to be?

I want to be a dancer.
I want to be a florist.
I want to be a baseball player.
I want to be a superhero.

参考："What do you want to be?" 作詞者：Richard Graham
出版社：元気イングリッシュ

自己紹介カード

タスク集「私は・・・になりたい③」で準備するもの

This is ME!

I'm ( ).

I want to be a

( ) .

This is ME!

I'm ( ).

I want to be a

( ) .

This is ME!

I'm ( ).

I want to be a

( ) .

This is ME!

I'm ( ).

I want to be a

( ) .

This is ME!

I'm ( ).

I want to be a

( ) .

This is ME!

I'm ( ).

I want to be a

( ) .

結果記入シート

タスク集「私は・・・になりたい③」で準備するもの

みんなの夢をまとめてみよう！

7 クリスマスを楽しもう ❶
〜サンタじゃんけん・色をそろえようゲーム〜

目 標	クリスマスについて知り、クリスマスの単語にも慣れ親しみます。
時 間	30分（Pre Task 10分 ＋ Task 1 10分／Task 2 10分）
言語材料	クリスマス単語（16種類） 〈bell, candle, stocking, Christmas tree, snowman, decoration, star, present, chimney, reindeer, sleigh, Santa Claus, Christmas card, gingerbread man, candy cane, Merry Christmas〉

タスクを進める前に準備しよう！

☐ 絵カード［16種類］（提示用／P.121）
☐ 絵カード［16種類］×グループ分（ゲーム用／P.121）
☐ 4色のシールを各4枚×グループ分（絵カード ゲーム用の裏にランダムに貼ります）

Pre Task

タスクタイム **10分**

❶ 教師は、クリスマス単語（16種類）を児童といっしょに確認します。

❷ 教師がクリスマスに関する、2択のクイズを提示します。教室を2つのエリアに分けて、児童はどちらか正しいと思うエリアに移動させ、その後に正解を発表します。

[クイズの例]

① Apples are the decoration for Christmas tree. Or strawberries are the decoration for Christmas tree.
Which is correct?
The answer is …. apples!!

② Santa Claus laughs HO HO HO! Or HA HA HA!

113

7 クリスマスを楽しもう ❶
～サンタじゃんけん・色をそろえようゲーム～

Task 1

タスクタイム **10**分

❶ 児童といっしょに５つの単語のジェスチャーを、それぞれ確認します。

❷ 教師は、サンタクロースの笑い声が「HO, HO, HO」であることを児童に伝えて、席を立たせます。

❸ クラス全員で「HO, HO, HO」と言い、3回目の HO のところで、例に示した５つの単語のなかから、１つをジェスチャーします。

【例】
Santa Claus, Santa Claus, HO, HO, HO <u>(例)chimneyのジェスチャー</u> のところで
５つの単語（chimney, sleigh, snowman, reindeer, Merry Christmas）のどれかを自由に選び、ジェスチャーをします。

❹ 全員でリズム良く "Santa Claus, Santa Claus, HO, HO, HO" のチャンツを練習します。

❺ 教師と同じジェスチャーであれば負けで、自分の席に座らせます。同じでなかったら、そのままサンタじゃんけんを続けます。

❻ 人数や状況に応じて、何度かサンタじゃんけんをします。

💡 **ワンポイント・アドバイス**
・ゲームを始める前に、児童といっしょにジェスチャーを決めて練習をしてください。
・ジェスチャーをすると同時に、同じクリスマス単語を大きな声で児童に言わせてください。

Task 2

タスクタイム **10**分

❶ ４色のシール（各４枚）を、絵カード（ゲーム用）の裏に１枚ずつランダムに貼ります。

❷ ４人を１グループにして、各グループに絵カード（ゲーム用）（16枚１セット）を配布します。

❸ デモンストレーションをしながら、ゲームの説明をします。

[ゲームの説明]
・配られた絵カード小を、シールの色が見えないように相手に向けて持ちます。
・じゃんけんで勝った人から時計回りで、隣の人のカードのなかから１枚を選び「＿＿, please.」と言って、絵カード小を引きます。
・順番に進めていき、裏に貼ってあるシールと同じ色をそろえていきます。
・同じ色がそろった人は「I'm finished.」と言って、クラス全員に見せます。見せたら１ポイント獲得になります。
・１人がそろったら、もういちどゲームを始めます。多くのポイントを獲得した人が勝ちになります。

❹ ゲームの説明が終わったら、ゲームを始めます。

❺ ゲームが終わったら、何ポイント獲得したかを確認します。多くのポイントを獲得した児童が勝ちになります。

💡 **ワンポイント・アドバイス**
・児童は、どのカードに何色のシールが貼っているかを覚えてしまうために、絵カードは、適時交換できるよう準備してください。
・次のタスク "クリスマスを楽しもう②" の授業で、単語を読むタスクがあるため、絵カードには、単語をつけておいてください。

7 クリスマスを楽しもう ②
～マッチングゲーム・Word Search～

目　標	クリスマスの単語を言ったり、読んだりします。
時　間	25分（Pre Task 5分 ＋ Task 1 10分／Task 2 10分）
言語材料	クリスマス単語（16種類） 〈bell, candle, stocking, Christmas tree, snowman, decoration, star, present, chimney, reindeer, sleigh, Santa Claus, Christmas card, gingerbread man, candy cane, Merry Christmas〉

タスクを進める前に準備しよう！

☐ 絵カード（P.121）
☐ 単語カード（P.122）
☐ ワークシート（Word search／P.123）

Pre Task

タスクタイム **5**分

❶ 教師は、絵カード（単語と絵付き）を使って、クリスマス単語（16種類）をクラスの児童全員で確かめます。

❷ 単語カードを使って、児童がクリスマス単語を読めるかを確認をします。

❸ 絵カード（単語と絵付き）を使って、単語の発音練習を行います。

【単語の発音練習】

教　師: What's this?

児　童: It's a snowman.

7 クリスマスを楽しもう ❷
～マッチングゲーム・Word Search～

Task 1　　　　　　　　　　　　　　　　　　　　　　　タスクタイム 10分

❶ クラスを、任意の人数でグループに分けます。

❷ 絵カードと単語カードを分け、絵カードは裏向き、単語カードは表向きにして机の上に広げます。

❸ 単語カードから1つ選び、書かれている単語を声に出して言います。

❹ 裏向きにされた絵カードから1枚めくり、その絵の英語を言います。選んだ単語カードと一致していればもらい、外れていればふたたび裏返しに戻します。

❺ 一致してもしなくても、1人1回で交替し、最後にカードペアの手持ちが1番多い人が勝ちとなります。

【クリスマス単語（16種類）】

bell	candy cane
star	Christmas tree
Christmas card	reindeer
candle	Merry Christmas
present	snowman
gingerbread man	sleigh
stocking	decoration
chimney	Santa Claus

💡 ワンポイント・アドバイス

・絵カード（単語と絵付き）と単語カードの2種類を使い、単語の復習をすることで、絵と文字・文字と発音を一致させて、児童に理解させることができます。

・時間があれば、単語カードも裏返して行ってみましょう。

Task 2　　　　　　　　　　　　　　　　　　　　　　　タスクタイム 10分

❶ 児童1人ずつに、ワークシート（Word search）を配ります。

❷ ワークシート（Word search）に書かれたクリスマス単語（16種類）を、児童に探させて「○」で囲ませます。

❸ クリスマス単語を見つけたときには、見つけた単語を声に出して読みあげさせます。

❹ すべての単語（16種類）を見つけたら「I found all!」と言います。

💡 ワンポイント・アドバイス

・児童のレベルに合わせて、ワークシート（Word search）を使うのは、児童1人1枚ずつではなく、ペアやグループで使ってください。

7 クリスマスを楽しもう ❸
～インタビューゲーム～

- **目　標**　「I want ～」を使って、クリスマスプレゼントにほしいものが言えたり、友達に聞いたりできます。
- **時　間**　20分（Pre Task 5分 ＋ Task 15分）
- **言語材料**　クリスマス単語（16種類）
  〈bell, candle, stocking, Christmas tree, snowman, decoration, star, present, chimney, reindeer, sleigh, Santa Claus, Christmas card, gingerbread man, candy cane, Merry Christmas〉
  I want ～ for Christmas.

タスクを進める前に準備しよう！
- □ インタビュービンゴ・ワークシート（配布用／P.124）
- □ 出席番号のカード
- □ 必要であれば、音源

Pre Task

タスクタイム **5** 分

❶ 教師と児童で、チャンツ "What do you want for Christmas?" を歌います。

❷ 教師が、クリスマスプレゼントにほしいものを言います。その後に、児童にクリスマスプレゼントにほしいものを聞きます。

【会話の例】

教師

I want a car for Christmas.
How about you?
What do you want for Christmas?

I want a unicycle.
I want a plastic model.

児童

参考：Holiday Jazz Chant "What do you want for Christmas?"

117

7 クリスマスを楽しもう ❸
~インタビューゲーム~

Task　タスクタイム 15分

❶ 児童1人ずつに、インタビュービンゴ・ワークシートを配布します。

❷ 児童は、インタビュービンゴ・ワークシートの中央赤枠に、自分がほしいクリスマスプレゼントを単語で書きます。

❸ インタビューゲームを始めます。ぜんぶ埋まったら（8人聞いたら）座席に座ります。

❹ インタビューした児童の名前と、ほしいクリスマスプレゼントを、インタビュービンゴ・ワークシートに書いていきます。

❺ インタビューゲームが終ったら、教師は出席番号のカードを引いて、カードに書かれた出席番号の児童を指名し、「What do you want for Christmas?」と質問をします。

❻ 児童が答えた名前がインタビュービンゴ・ワークシートに書いてあれば、書かれている場所を「○」で囲みます。

❼ 縦・横・斜めのいずれか1列が揃って、ビンゴをした数がいちばん多い人が勝ちになります。

💡 ワンポイント・アドバイス

・ほしいクリスマスプレゼントの名前は、日本語で言っても、書いてもいいです。
・児童同士で、質問が難しいばあいには答えのみで活動してもいいです。

7 クリスマスを楽しもう ④
～サンタさんへ手紙を書こう！～

目 標 今までのタスクで習った表現や、「I want ～」を使ってサンタクロースへ、手紙を書きます。

時 間 30分（ Pre Task 10分 ＋ Task 1 10分 ／ Task 2 10分）

言語材料 What do you want for Christmas? I want ～ .

タスクを進める前に準備しよう！
□ワークシート（提示用／P.125）　□画用紙　□はさみ　□のり　□色鉛筆

Pre Task
タスクタイム **10分**

1. 教師は見本の"サンタクロースへの手紙"を、児童に紹介します。
2. クラスの児童1人ずつに、ワークシートを配布します。
3. ワークシートには、自分の名前・年齢・好きなもの・ほしいものを書かせます。

Task 1
タスクタイム **10分**

1. 教師は、児童とモデル会話をします。
2. ペアを変えて、何回か会話をします。ワークシートはできるだけ見ないで、話せるようにします。

【会話の例】

児童：My name is ○○ . I'm twelve years old. I like music.

教師：What do you want for Christmas?

児童：I want an iPod.

教師：Wow! Sounds nice!（交替して質問します）

児童：Merry Christmas!

教師：Merry Christmas!

119

7 クリスマスを楽しもう ④
～サンタさんへ手紙を書こう！～

Task 2

タスクタイム **10**分

① クラスの児童1人ずつに、画用紙を配ります。

② 児童は、画用紙を2つ折りしてからブーツを描いて、はさみでブーツの形に切って2つ折りにした画用紙を広げます。

③ 教師は、手紙の書き方（Dear～, From～）、クリスマスメッセージ（Merry Christmas）を児童に教えます。

④ 児童は、Pre-taskで記入したワークシートを見ながら"サンタクロースへの手紙"を、ブーツのカードに書きます。

⑤ 色鉛筆でイラストを描いたり、絵カードをのりで貼り付けたりして"サンタクロースへの手紙"をすてきに仕上げていきます。

⑥ できあがった"サンタクロースへの手紙"を、黒板に貼ってクラスの児童全員に見せます。

ワンポイント・アドバイス

・スペルが難しい単語が多いため、児童が手紙を書いているときに、正しく書けているかをよく確認しながら、机間指導をしてください。

・クリスマスメッセージは、Merry Christmasだけでもいいです。

サンタクロースへの手紙（参考）

画用紙に描くブーツ（参考）

絵カード　　　　　　　　　　　　　　　　　　　　　タスク集「クリスマスを楽しもう①②」で準備するもの

単語カード

タスク集「クリスマスを楽しもう②」で準備するもの

bell(s)	candle(s)	candy cane	Christmas card
chimney	Christmas tree	decoration(s)	gingerbread man
Merry Christmas	present(s)	reindeer	Santa Claus
sleigh	snowman	star	stocking

Word Search

ワークシート

タスク集「クリスマスを楽しもう②」で準備するもの

Name _____

word list の単語を見つけて、○でかこもう！

```
c  a  n  d  l  e  a  b  s  h  h  u  e  w  c
t  n  r  e  i  n  d  e  e  r  k  u  e  r  h
j  g  h  c  s  a  n  t  a  c  l  a  u  s  r
f  b  p  o  c  a  n  d  y  c  a  n  e  v  i
m  e  r  r  y  c  h  r  i  s  t  m  a  s  s
v  l  e  a  b  h  a  n  m  n  t  d  o  l  t
d  l  s  t  l  i  k  r  j  o  p  a  r  e  m
j  p  e  i  p  m  i  s  d  w  b  q  r  i  a
k  q  n  o  r  n  l  i  u  m  b  l  c  g  s
z  w  t  n  r  e  p  p  o  a  a  k  x  h  t
x  j  f  o  c  y  y  t  o  n  f  u  z  r  r
g  i  n  g  e  r  b  r  e  a  d  m  a  n  e
s  a  s  t  o  c  k  i  n  g  u  t  y  u  e
```

word list

bell	present	gingerbread man
candle	reindeer	Santa Claus
Christmas tree	star	decoration
chimney	stocking	Merry Christmas
card	sleigh	candy cane snowman

ワークシート

タスク集「クリスマスを楽しもう②」で準備するもの

Word Search 答え

Name _____

word list の単語を見つけて、◯でかこもう！

c	a	n	d	l	e	a	b	s	h	h	u	e	w	c
t	n	r	e	i	n	d	e	e	r	k	u	e	r	h
j	g	h	c	s	a	n	t	a	c	l	a	u	s	r
f	b	p	o	c	a	n	d	y	c	a	n	e	v	i
m	e	r	r	y	c	h	r	i	s	t	m	a	s	s
v	l	e	a	b	h	a	n	m	n	t	d	o	l	t
d	l	s	t	l	i	k	r	j	o	p	a	r	e	m
j	p	e	i	p	m	i	s	d	w	b	q	r	i	a
k	q	n	o	r	n	l	i	u	m	b	l	c	g	s
z	w	t	n	r	e	p	p	o	a	a	k	x	h	t
x	j	f	o	c	y	y	t	o	n	f	u	z	r	r
g	i	n	g	e	r	b	r	e	a	d	m	a	n	e
s	a	s	t	o	c	k	i	n	g	u	t	y	u	e

word list

bell	present	gingerbread man	
candle	reindeer	Santa Claus	
Christmas tree	star	decoration	
chimney	stocking	Merry Christmas	
card	sleigh	candy cane	snowman

インタビュービンゴ・ワークシート　　　　　　　タスク集「クリスマスを楽しもう③」で準備するもの

What do you want for Christmas?
―クリスマスプレゼントに何がほしい？―

Name _____

( )	( )	( )
Name _____	Name _____	Name _____
( )	( )	( )
Name _____	Name _____	Name _____
( )	( )	( )
Name _____	Name _____	Name _____

ワークシート　　　　　　　　　　　　タスク集「クリスマスを楽しもう④」で準備するもの

Tell me about you!

Class_____　No_____　Name_____

① My name is _____ .

② I'm _____ years old.

③ I like _____ .

④ I want _____ .

8 観光案内をしよう ❶
～インフォメーションギャップ～

目　標　各都道府県の有名なものを「○○ is famous for ～」という表現を使って、相手に伝えます。

時　間　20分（ Pre Task 10分 ＋ Task 10分）

言語材料　〈地名〉is famous for［有名なもの］．

タスクを進める前に準備しよう！

□日本地図（提示用）
□かるたセット（絵カード　提示用／P.141-142）
□バッジＡ（配布用／P.136参照）（クラス人数の半分）
□バッジＢ（配布用／P.136参照）（クラス人数の半分）
□ワークシートＡ（配布用／P.137）（クラス人数の半分）
□ワークシートＢ（配布用／P.138）（クラス人数の半分）

Pre Task

タスクタイム **10**分

❶ 黒板に日本地図を貼ります。

❷ 「be famous for ～」の表現を使って、各地の有名なものを紹介します。紹介するときは、日本地図で各都道府県の場所を確認して、児童と会話をしながら複数を紹介します。

【会話の例】

[教師]　Look! This is a map of Japan. Where is this?

[児童]　Hokkaido!

[教師]　That's right. This is Hokkaido. It is famous for Yuki Matsuri. You can go to Asahiyama Zoo.

❸ 「be famous for ～」の表現を、リズムに乗りながらクラスの児童全員で練習します。

8 観光案内をしよう ❶
～インフォメーションギャップ～

Task
タスクタイム **10**分

❶ クラスの児童１人ずつに、バッジAとワークシートA、またはバッジBとワークシートBのどちらかを配布します。

❷ バッジAをつけた児童は、バッジBをつけた児童を探します。見つけたら、じゃんけんをして、勝ったほうから会話を始めます（１回会話をした相手とは、２回目はできません）

❸ 各都道府県の有名なものを聞くために、各ワークシートに書いてあるModel Dialogを参考に会話をします。

❹ 会話で聞いた内容をワークシートに記入します。すべての空欄箇所を埋めることができた児童から、自分の席に座ります。

❺ ゲームの最後に何人かの児童を指名して、クラス全体で答えを確認します。

❻ 必要であれば、すべての答えを書いた表を準備して配布します。

ワンポイント・アドバイス

・児童同士が会話しているときに、単語だけではなく「be famous for ～」の表現を、使っているかを確認してください。

8 観光案内をしよう ❷
〜かるたゲーム〜

目　標	有名なものを「○○ be famous for 〜」という表現を使って話します。
時　間	25分（Pre Task 10分 ＋ Task 15分）
言語材料	〈地名〉is famous for［有名なもの］.

> タスクを進める前に準備しよう！
>
> □ **かるたセット**（配布用：県名カード／P.139-140・絵カード／P.141-142）
> ※かるたセットは、グループ数の分を準備してください。

タスクタイム **10分**

❶ 前のタスクの"観光案内をしよう①"で使った17都道府県の有名なものを、クイズ形式で児童に聞きます。児童は「be famous for」を使って答えます。

【会話の例】

教師：What is Tokyo famous for?

児童：SKYTREE!

教師：Yes, that's right. Tokyo is…

児童：Tokyo is famous for TOKYO SKYTREE.

❷ 教師の質問を通して「What is ○○ famous for?」の表現を覚えます。

8 観光案内をしよう ❷
～かるたゲーム～

Task ・・・・・・・・・・・・・・・・・・・・・・・・・・・・・・・・・・・ タスクタイム **15**分

① クラスの児童を4人1グループに分けて、1グループにかるたセットを1つ配布します。絵カードは表向きに机の上に広げて置き、県名カードは裏向きして重ねて置きます。

② じゃんけんをして、勝った人から県名カードを引きます。県名カードに書かれた都道府県名を使って、「What is <u>県名</u> famous for?」と他のメンバーに聞きます。

③ 聞かれたメンバーは、絵カードから、その都道府県の有名なものの絵カードを探して取ります。

④ 絵カードを取った児童は「<u>県名</u> is famous for <u>絵カードに記されたもの</u>.」を言います。

⑤ 県名カードを引いた児童は、カードに書かれた単語と、絵カードの絵が同じかを確認して、当たっていれば「That's right.」違っていたら、「No.」と言って、当るまで聞きます。正しい絵カードを取った児童が、その絵カードをもらいます。

⑥ 県名カードを引く児童は、順番に交代していきます。

💡 ワンポイント・アドバイス

・クラスの児童全員でゲームに参加できるように、お手つきをしたときの休みは、なしにしてください。
・単語で答えるのではなく「What is ○○ famous for? ○○ is famous for ＿＿＿．」の表現を使えるように、グループ内で教えあってください。

8 観光案内をしよう ❸
～パンフレット作り～

目　標	「be famous for」という表現や、今まで習った表現を書きます。
時　間	30分（Pre Task 10分 ＋ Task 1 10分／Task 2 10分）
言語材料	〈地名〉is famous for［有名なもの］．

> **タスクを進める前に準備しよう！**
>
> □ワークシート（配布用／パンフレットの下書き用／P.137-138）
> □パンフレットの紙（配布用）　□パンフレットの見本（説明用／P.132）
> □日本地図（提示用）　□ふきだしシート（配布用／P.144）
> □児童が好きな都道府県について調べた資料（事前に各児童に準備させてください）

Pre Task

タスクタイム **10分**

❶ クラスの児童1人ずつに、ワークシート（パンフレットの下書き用）を配布します。

❷ 教師は前回までに学習した「be famous for」の復習に加えて、クイズ形式で「What can we do?」の表現を聞かせます。日本地図のなかから、いくつかの都道府県を選んで、児童に質問しながら進めます。1つの都道府県に「(We) can go to , eat, buy, see」の4文章を紹介します。

【4文章の紹介例】

教師

What prefecture is this?

児童

It's Aichi Prefecture.

That's right. What is Aichi famous for? Do you remember?

Aichi is famous for Nagoya Castle（名古屋城）．

Yes. Aichi is famous for Nagoya Castle. So, what can we do in Aichi? We can go to a zoo …

Higashiyama Zoo!

Very nice. We can go to Higashiyama Zoo.

We can (go to Higashiyama Zoo.)

❸ 児童は、事前に調べてきた、好きな都道府県について書いて、ワークシート（パンフレットの下書き用）を完成させます。

8 観光案内をしよう ③
～パンフレット作り～

Task 1　タスクタイム 10分

① まず Pre-task で完成させたワークシート（パンフレットの下書き用）を使って、会話の紹介見本を児童に見せます。

② 次に、クラスの児童を2人ペアになるように整列させて、列ごとにAとBを決めます。A列とB列でペアをつくり、それぞれ紹介させます。

【会話の紹介見本例】

教師1
Hello, how are you?

教師2
I'm good, thank you.

教師1（A）
Welcome to Aichi.
Aichi is famous for Nagoya Castle.

教師2（B）
What is Aichi famous for?
Nagoya Castle. Wow! Nice. What can I do?

You can go to Nagoya Castle and you can see Shachihoko.

I see. Thank you.

How about your prefecture?

Task 2　タスクタイム 10分

① クラスの児童1人ずつに、パンフレットの紙とふきだしシートを配布します。

② パンフレットの見本を見せながら、パンフレットの作り方を説明します。

③ 「Welcome to 〈県名〉.」と「〈県名〉 is famous for 〈有名なもの〉.」の部分を、クラス全員で確認しながら書いていきます。

④ ふきだしは、ワークシートから切り取って、絵は自由に描くように説明し、パンフレットを完成させます。

⑤ パンフレットのデザインは、児童それぞれで自由に考えます。

パンフレットの見本

8 観光案内をしよう ④
～観光案内ゲーム～

目　標 "観光案内をしよう③"で作ったパンフレットを使って、観光案内をする。
時　間 25分（ Pre Task 10分 ＋ Task 15分）
言語材料 〈地名〉is famous for ［有名なもの］．

> **タスクを進める前に準備しよう！**
> ☐ "観光案内をしよう③"で作ったパンフレット
> ☐ メモシート（配布用／P.145-146）
> ☐ 評価表（P.147-148）

Pre Task　　　　　　　　　　　　　　タスクタイム 10分

❶ 次のインタビューゲームで使ったモデル会話を紹介して、その後に児童同士で練習をさせます。

【モデル会話】

児童A: Hello. How are you?
児童B: I'm good (great, fine, bad...). Thank you
児童A: Welcome to _____.
児童B: What is _____ Prefecture famous for?
児童A: It is famous for _____.
児童B: What can I do?
児童A: You can see (eat, buy, get, go...) _____.
児童B: I see. Thank you.
児童A: Have a nice trip!

133

8 観光案内をしよう ④
～観光案内ゲーム～

Task　　　　　　　　　　　　　　　　タスクタイム 15分

1. クラスの児童1人ずつに、メモシートを配布します。
2. 児童を観光案内人グループと観光客役グループに分けて、観光案内ゲームを始めます。
3. 観光案内人が、自分で作ったパンフレットを見せながら、観光客に紹介します。
4. 観光客は、聞いたことをメモシートに書きます。
5. 役割を交代して、クラスの児童全員がすべての情報を聞けるようにします。
6. Task 1 で集めた情報をもとに、行きたい都道府県の順位をつけていきます。
7. クラスで人気の都道府県ベスト3を決めます。

ワンポイント・アドバイス
- 少しずつ、自分で作ったパンフレットを見ないでインタビューできるように、児童に声をかけてください。
- "次の観光案内をしよう⑤"で、スピーキングテストがあることを評価表に示して、児童に事前に伝えてください。
- 行きたい都道府県を決めるときは、各児童のパンフレットを黒板に貼り、投票すると盛りあがります。

8 観光案内をしよう ～スピーキングテスト～

目標	今までの授業で習った表現を使いながら、都道府県について会話することができる。
時間	25分（Task 25分）

タスクを進める前に準備しよう！
☐ スピーキングテスト用カード
☐ 評価表（P.147-148）

Task

タスクタイム **25分**

1. 児童1人ずつに、スピーキングテスト用カードを配布します。
2. 児童同士で2人のペアを作ります。
3. 児童がカードを引いて、自分が担当する都道府県を決めます
4. 引いたカードに書かれた内容に沿って、会話をします。
5. その場で2名をくじで決め、教室の外（廊下、または隣の教室）で実施します。どちらかの生徒にスピーキングテスト用カードを引かせて、会話を始めさせます。

【会話の例】

児童A — Hello, how are you?
児童B — I'm good, and you?
I'm great.
I know about Aichi.
What is Aichi famous for?
Aichi is famous for Nagoya castle.
I see. What can I do?
You can go to Higashiyama zoo.
You can eat "Miso-Katsu".
You can see Golden-Fish.
You can buy "Tsuketemiso-Kaketemiso".
Sounds good.

💡 **ワンポイント・アドバイス**

・フィードバックのため、ビデオ撮影をすることを勧めます。さらに、147-148ページにあるwritingの評価表をもとに、生徒が作成したパンフレットも評価してください。

135

バッジ（ＡとＢ用）   タスク集「観光案内をしよう①」で準備するもの

Hokkaido 雪まつり	**Toyama** 黒部ダム	**Saga** 吉野ヶ里遺跡	**Ehime** オレンジジュース
Kochi よさこい	**Hyogo** 甲子園	**Aomori** ねぶた祭り	**Ibaraki** 水戸黄門
Saitama 深谷ネギ	**Shimane** ゲゲゲの鬼太郎	**Kumamoto** 夏目漱石	**Tokyo** スカイツリー
Tottori 鳥取砂丘	**Yamagata** さくらんぼ	**Shizuoka** お茶	**Nara** 東大寺

ワークシート A

タスク集「観光案内をしよう①」で準備するもの

表を完成させよう！A

Hokkaido ( )	**Toyama** 黒部ダム	**Saga** ( )	**Ehime** オレンジジュース
Kochi よさこい	**Hyogo** ( )	**Aomori** ねぶた祭り	**Ibaraki** ( )
Saitama ( )	**Shimane** ゲゲゲの鬼太郎	**Kumamoto** ( )	**Tokyo** スカイツリー
Tottori 鳥取砂丘	**Yamagata** ( )	**Shizuoka** お茶	**Nara** ( )

Model Dialog ～こうやって会話しよう！～

A: Hi, ○○ ! Please tell me about <u>Hokkaido</u>.

B: OK. <u>Hokkaido</u> is famous for ( ).

A: (Really! / I see.) <u>Hokkaido</u> is famous for ( ).
Thank you!

B: You're welcome.
Please tell me about <u>Toyama</u>. ・・・ ⇒（役割を交代する）

ワークシート B

タスク集「観光案内をしよう①」で準備するもの

表を完成させよう！B

Hokkaido 雪まつり	**Toyama** （　　　　　　　）	**Saga** 吉野ヶ里遺跡	**Ehime** （　　　　　　　）
Kochi （　　　　　　　）	**Hyogo** 甲子園	**Aomori** （　　　　　　　）	**Ibaraki** 水戸黄門
Saitama 深谷ネギ	**Shimane** （　　　　　　　）	**Kumamoto** 夏目漱石	**Tokyo** （　　　　　　　）
Tottori （　　　　　　　）	**Yamagata** さくらんぼ	**Shizuoka** （　　　　　　　）	**Nara** 東大寺

Model Dialog 〜こうやって会話しよう！〜

A: Hi, ○○ ! Please tell me about <u>Hokkaido</u>.

B: OK. <u>Hokkaido</u> is famous for （　　　　　　　）

A: (Really! / I see.) <u>Hokkaido</u> is famous for （　　　　　　　）.
Thank you!

B: You're welcome.
Please tell me about <u>Toyama</u>. ・・・ ⇒（役割を交代する）

かるたセット（県名カード１）

タスク集「観光案内をしよう②」で準備するもの

Hokkaido 雪まつり (snow festival)	**Tokyo** 東京スカイツリー (Tokyo SKYTREE)	**Aichi** 名古屋城 (Nagoya Castle)
Saitama 深谷ネギ	**Tottori** とっとりさきゅう 鳥取砂丘 (Tottori sand dunes)	**Toyama** 黒部ダム (Kurobe Dam)
Nara 東大寺 (Todaiji Temple)	**Shimane** いずもたいしゃ 出雲大社 (Izumo Taisha Shrine)	**Saga** よしのがりいせき 吉野ヶ里遺跡

139

かるたセット（県名カード２）   タスク集「観光案内をしよう②」で準備するもの

Kochi よさこい	**Aomori** ねぶた祭り (Nebuta Festival)	**Shizuoka** 富士山 (Mt. Fuji)
Hyogo こう し えん 甲子園	**Ehime** オレンジジュース (orange juice)	**Kumamoto** なつ め そうせき 夏目漱石
Ibaraki み と こうもん 水戸黄門	**Yamagata** さくらんぼ (cherries)	

かるたセット（絵カード１） タスク集「観光案内をしよう②」で準備するもの

　雪まつり　(snow festival)	　東京スカイツリー　(Tokyo SKYTREE)	　名古屋城　(Nagoya Castle)
　深谷ねぎ	　鳥取砂丘（とっとりさきゅう）　(Tottori sand dunes)	　黒部ダム　(Kurobe Dam)
　東大寺　(Todaiji Temple)	　出雲大社（いずもたいしゃ）　(Izumo Taisha Shrine)	　吉野ヶ里遺跡（よしのがりいせき）

かるたセット（絵カード２）

タスク集「観光案内をしよう②」で準備するもの

観光案内をしよう！

Welcome to _____.

> What is ○○ famous for?

_____ is famous for _____

> What can I do?

You can go to _____.

You can see _____.

You can eat _____.

You can buy _____.

Have a nice trip!!

ふきだしシート

タスク集「観光案内をしよう③」で準備するもの

メモシート　　　　　　　　　　　　　　　　　　　タスク集「観光案内をしよう④」で準備するもの

MEMO

〈Model dialog〉

A: Hello. How are you?

B: I'm good (great, fine, bad…). Thank you.

A: Welcome to _____ .

B: What is _____ Prefecture famous for?

A: It is famous for _____ .

B: What can I do?

A: You can see (eat, buy, go…) _____ .

B: I see. Thank you.

A: Have a nice trip!

(Example)

Prefecture	Mie			
It is famous for	Ise-Shrine			
can	eat Ise-shrimp			
can	buy green tea			
can				
can				

145

メモシート（続き）

タスク集「観光案内をしよう④」で準備するもの

Prefecture				
It is famous for				
can				
can				
can				
can				
can				
can				
can				
can				

評価表　　　　　　　　　　　　　　　　　　タスク集「観光案内をしよう④」で準備するもの

【評価表】

Categories （項目）	Points （点数）	Criteria （評価基準）
ていねいさ 【関心・意欲・態度】	5	イラストを描き、色を使ってていねいに仕上げている。字はペンできれいに清書してある。
	3	イラストを描き、色をぬっている。字は鉛筆で読みやすくていねいに書けている。
	1	イラストが描けていない。色もきちんとぬれていない。字が雑で、読みにくい。
内容 【表現１】	5	自分の県の下調べがたくさんしてあり、興味深い内容が４文以上書けている。
	3	自分の県の下調べがしてあり、その県について３文以上書けている。
	1	自分の県の下調べがあまりできておらず、誰でも知っている内容で２文書けている。
習ったことの活用 正確さ 【表現２】	5	これまでに習った単語や表現をたくさん使い、その使い方もほぼ正確で、十分に理解できる。
	4	モデル文で使われている単語や表現を正確に活用し、自分の言いたいことを表現している。
	2	モデル文をそのまま写している。モデル文を活用しているが、まちがいがあり、意味の理解がむずかしい。
★ボーナス点	1	みんなが行ってみたいと思うような、自分オリジナルのパンフレットを作ることができる。

点

評価表

【評価表】

Categories （項目）	Points （点数）	Criteria （評価基準）
流ちょうさ・内容	7	カードに書かれた内容についてすらすらと話すことができ、can を使った英文を4文作ることができた。
	5	カードに書かれた内容についておおむねスムーズに話すことができ、can を使った英文を3文作ることができた。
	3	会話が途切れることがあったが、can を使った英文を2文作ることができた。
	1	会話が途切れることがあり、can を使った英文を1文しか作ることができなかった。
コミュニケーション・ストラテジー	3	相手の応答への反応がしっかりできた。
	2	相手の応答への反応が1回はできた。
	1	相手の応答への反応が1度もできなかった。
正確さ ・文法 ・単語 ・発音	7	文法や単語の間違いがなく、正しい発音で会話することができた。
	5	文法や単語、発音にいくつかの間違いがあったが、正しい発音で会話することができた。
	3	文法や単語、発音にいくつかの間違いがあったが、言っている内容を理解することができた。
	1	文法や語彙、発音にいくつかの間違いがあり、言っている内容を理解することができなかった。
態度 ・アイコンタクト ・声の大きさ、積極性	3	アイコンタクトがしっかりでき、大きな声で積極的に会話することができた。
	2	アイコンタクトがときどきでき、声の大きさは何を言っているか聞こえる程度であった。積極性は普通であった。
	1	アイコンタクトがあまりなく、声が小さかった。また、会話に積極的でなかった。

／20

スピーキングテスト用カード

タスク集「観光案内をしよう⑤」で準備するもの

※県ごとに切り離してください

①県名	Gifu	①県名	Kyoto
②有名なもの	温泉	②有名なもの	抹茶
③行く	養老の滝	③行く	清水寺
④見る	合掌造り	④見る	金閣寺
⑤食べる	アユ	⑤食べる	湯葉
⑥買う	栗きんとん	⑥買う	八つ橋

①県名	Mie	①県名	Osaka
②有名なもの	伊勢神宮	②有名なもの	阪神タイガース
③行く	長島スパーランド	③行く	海遊館
④見る	夫婦岩	④見る	新喜劇
⑤食べる	伊勢うどん	⑤食べる	たこやき
⑥買う	赤福	⑥買う	チーズケーキ

①県名	Shizuoka	①県名	Kanagawa
②有名なもの	お茶	②有名なもの	中華街
③行く	浜名湖パルパル	③行く	みなとみらい
④見る	富士山	④見る	鎌倉大仏
⑤食べる	みかん	⑤食べる	シュウマイ
⑥買う	うなぎパイ	⑥買う	鳩サブレー

①県名	Aichi	①県名	Chiba
②有名なもの	名古屋城	②有名なもの	ふなっしー
③行く	東山動物園	③行く	東京ディズニーランド
④見る	金のシャチホコ	④見る	ミッキーマウス
⑤食べる	味噌カツ	⑤食べる	落花生
⑥買う	つけてみそかけてみそ	⑥買う	ピーナッツパイ

①県名	Okinawa	①県名	Aomori
②有名なもの	ゴーヤ	②有名なもの	リンゴ
③行く	美ら海水族館	③行く	ねぶた祭り
④見る	ジンベイザメ	④見る	三内丸山遺跡
⑤食べる	ソーキそば	⑤食べる	すいとん
⑥買う	ちんすこう	⑥買う	にんにくせんべい

①県名	Hokkaido	①県名	Fukuoka
②有名なもの	雪まつり	②有名なもの	明太子
③行く	旭山動物園	③行く	大宰府
④見る	ラベンダー	④見る	白糸の滝
⑤食べる	ジンギスカン	⑤食べる	博多ラーメン
⑥買う	夕張メロン	⑥買う	博多通りもん

スピーキングテスト用カード（続き）

タスク集「観光案内をしよう⑤」で準備するもの

※県ごとに切り離してください

①県名	Tokyo	①県名	Hiroshima
②有名なもの	東京タワー	②有名なもの	広島カープ
③行く	浅草	③行く	原爆ドーム
④見る	スカイツリー	④見る	厳島神社
⑤食べる	月島もんじゃ	⑤食べる	広島焼き
⑥買う	東京バナナ	⑥買う	もみじまんじゅう
①県名	Hyogo		
②有名なもの	甲子園球場		
③行く	姫路城		
④見る	宝塚		
⑤食べる	赤石焼き		
⑥買う	神戸プリン		

第 4 章

授業プラン

第6学年　できることを紹介しよう　1／4時間

できることを紹介しよう

単元目標	・「できる」「できない」という表現に慣れ親しむ。 ・積極的に友だちにできることを尋ねたり、自分のできること・できないことを答えたりしようとする。 ・できること・できないことについて、例を参考に語句や文を書くことができる。
単元評価基準	・動作を表す語や「できる」「できない」という表現を聞いたり言ったりしている。 ・できること・できないことを尋ねたり答えたりしている。 ・できること・できないことを積極的に尋ねたり答えたりしている。 ・動作を表す語が単語で理解できる。 ・動作を表す語や「できる」「できない」という表現を、例を参考に書き写すことができる。
語彙・表現	I can/can't～. Can you～? Yes, I can./No, I can't. play the piano, play kendama, cook miso soup, ride a unicycle, eat natto, fly, ski, swim, dance, ski, skate, sing, hula hoop

第6学年　できることを紹介しよう　1/4時間
目標：動作を表す語や「できる」「できない」という表現が分かる。
　　　できるかどうか尋ねたり答えたりする表現を知る。
準備：動作絵カード(単語付き)(掲示用)、動作絵カード(ゲーム用)(ペア数分)、リズムボックス

児童の活動	教師の活動	準備物
挨拶	・全体に挨拶をし、個別に数名の児童に挨拶をする。	
○新しい表現の導入 ・指導者の「できること」「できないこと」の紹介を聞く。 ・様々な動作の表現を知る。 ・指導者の質問に Yes/No で答える。	・教師用絵カードを見せながら、「できること」「できないこと」を紹介する。 ・表情やジェスチャーを付けて言うことで can と can't の違いに気付かせる。 ・動作表現を紹介しながら、児童にもできるかどうかを尋ねる。	動作絵カード(掲示用)
○ポインティングゲーム ・指導者が言う動作の絵カードをさし示す。(ペア活動)	・児童をペアにする。 ・デモンストレーションを見せる。 ・最初は動作表現で、その後 I can～.を使って言う。 ・児童が絵カードを指差した後、答の絵カードを示す。	動作絵カード(掲示用) 動作絵カード(ゲーム用)
○キーワードゲーム ・指導者の言う表現を聞き、キーワードの時に消しゴムをとる。(ペア活動)	・児童をペアにする。 ・デモンストレーションを見せる。 ・I can～. I can't～の両方を使ってゲームを進める。	動作絵カード(掲示用)
○ジェスチャーゲーム ・指導者や代表児童のジェスチャーを観てなんの動作か言い当てる。	・動作のジェスチャーをして何の動作か考えさせる。 ・児童が何のジェスチャーか当てた後に、その動作についてできるかどうか尋ねる。 ・慣れてきたら代表児童を出題者にする。	動作絵カード(掲示用)
○チャンツ "I can play the piano" ・動作絵カードを見ながら指導者の後についてチャンツする。	・動作絵カードを見ながらチャンツを聞かせる。 ・指導者の後についてチャンツする。	リズムボックス
振り返り 挨拶	・児童の英語を使おうとする態度でよかったこところをほめる。 ・挨拶をする。	

第6学年　できることを紹介しよう　2／4時間

第6学年　できることを紹介しよう　2/4時間
目標：動作を表す語や「できる」「できない」という表現に慣れ親しむ。
できること・できないことを尋ねたり答えたりする表現に慣れ親しむ。
準備：動作絵カード(単語付き)、動作単語カード(提示用)、動作絵カード(ゲーム用)(ペア数分)

児童の活動	教師の活動	準備物
挨拶	全体に挨拶をし、個別に数名の児童に挨拶をする。	
○チャンツ "I can play the piano" ・動作絵カードを見ながら指導者の後についてチャンツを言う。	・ジェスチャーを見せて児童に何かあてさせる。 ・動作絵カードを見せながらチャンツを聞かせる。 ・指導者の後についてチャンツを言わせる。ジェスチャーも付けるように言う。	リズムボックス 動作絵カード(提示用)
○ポインティングゲーム ・指導者が言う表現の絵カードをさし示す。(ペア活動)	・児童をペアにする ・デモンストレーションを見せる。 ・I can〜.I can't〜.を使って言う。I can〜の時は右手、I can't〜.は左手で指差すように言う。 ・児童が絵カードを指差した後、答の絵カードを示す。	動作絵カード(掲示用) 動作絵カード(ゲーム用)
○○×クイズ ・指導者が「できる」か「できない」かを考え○×の場所へ移動する。	・代表児童と一緒にデモンストレーションを見せる。 (黒板に○×を書いておく) ・児童を座席から立たせて活動を行う。 ・児童が○×の場所に移動したら、全員で Can you〜? と指導者に尋ねさせる。	動作絵カード(掲示用)
○True or False クイズ ・指導者や代表児童の「できる」「できない」を聞いて正しいか間違っているかを考える。	・デモンストレーションを見せる。 ・指導者の I can〜.I can't〜を聞き、正しいと思う時は True、間違っていると思う時は False とジェスチャー付きで言うように伝える。 ・慣れてれてきたら代表児童を出題者にする。	動作絵カード(掲示用)
○Touch and Go ・　2グループに分かれ、活動を行う。(グループ対抗)	・児童をグループに分ける。 ・デモンストレーションを見せる。	動作絵カード(掲示用)
①カードを一列に並べた両端にチーム毎に並ぶ。 ②カードをタッチしながらその表現(I can〜./I can't〜.) を言って進む。 ③2チームの児童が出あった所でじゃんけんをして、勝ったチームはそのまま進む。 負けたチームは次の児童が最初から始める。		
	・自分が「できること」は I can〜.で、「できないこと」は I can't〜.で表現すること伝える。 ・ゲームの勝ち負けでなく、きちんと英語を言うことが大切であることを確認する。	
振り返り 挨拶	・児童の英語を使おうとする態度でよかったことところをほめる。 ・挨拶をする。	

第6学年　できることを紹介しよう　3／4時間

> 第6学年　できることを紹介しよう　3/4時間
> 目標：できること・できないことを尋ねたり答えたりする表現に慣れ親しむ。
> 　　　動作を表す語を、例を参考に書き写すことができる。
> 準備：　動作絵カード、単語カード(掲示用)、動作絵カード(ゲーム用)、DVD、コンピュータ、けん玉、
> 　　　お手玉、ビンゴシート

児童の活動	教師の活動	準備物
挨拶	全体に挨拶をし、個別に数名の児童に挨拶をする。	
○Can you~？の導入 ・教師のデモを見て Can you~～？の表現の意味と答え方を知る。	→Walking Bingo の Pre-task 参照	動作絵カード(掲示用)
○チャンツ"Can you ride a unicycle?" ・絵カードを見ながらチャンツを聞く。その後チャンツを言う。	・絵カードを見ながらチャンツを聞かせる。 ・指導者と一緒にジェスチャー付きでチャンツを言わせる。	DVD (Hi friends より) コンピュータ
○Touch and Go ・　2グループに分かれ、活動を行う。 （グループ対抗）	→Touch and Go の Pre-task 参照 →Touch and Go の Task 参照	動作単語カード
	①カードを一列に並べた両端にチーム毎に並ぶ。 ②カードをタッチしながら、ペアで Can you~? Yes, I can./No, I can'.と会話をしながら進む。 ③2チームの児童が出あった所でじゃんけんをして、勝ったチームはそのまま進む。負けたチームは次の児童が最初から始める。	
○Walking Bingo <準備> ・絵カードと単語カードを合わせる。 ・ビンゴシートに動作の表現を書き写す。 ・自分のできることに印をつける。 <ビンゴゲーム中> 友だちにできること・できないことを尋ね、自分と同じ答えの児童からサインをもらう。	→Walking Bingo の Task 参照 ・グループ隊形のまま活動を始める。 ・絵カードで動作の表現を確認する。 ・単語カードを提示し何と読むのか確認し、その後絵カードとマッチさせる。 ・ビンゴシートに動作の表現を書き写すように言う。 ・書き写す活動はグループ内で助けあうように言う。 ・自分のできることに印をつけさせる。 ・代表児童とゲームのデモンストレーションを見せる。 ・指導者も児童と一緒にゲームに参加する。	動作絵カード(掲示用) 動作単語カード ビンゴワークシート
	<答えが異なる時> (児童 1,2)Hello. (児童 1)Can you swim？ (児童 2)No, I can't. (児童 1,2)Bye　　　　<答えが同じ時> (児童 1,2)Hello. (児童 1)Can you swim？ (児童 2)Yes, I can. (児童 1)Sign, please. (児童 2)Ok. Here you are. (児童 1,2)Bye.	
振り返り 挨拶	・児童の英語を使おうとする態度でよかったところをほめる。 ・挨拶をする。	

第6学年　できることを紹介しよう　4／4時間

第6学年　できることを紹介しよう　4/4時間
目標：積極的にできること・できないことを尋ねたり答えたりすることができる。
　　　また、できること・できないことについて、例を参考に語句や文を書くことができる。
準備：動作絵カード、動作単語カード(提示用)、DVD，コンピュータ、ワークシート、はさみ、色鉛筆

児童の活動	教師の活動	準備物
挨拶	全体に挨拶をし、個別に数名の児童に挨拶をする。	
○チャンツ"Can you ride a unicycle?" ・絵カードを見ながらチャンツを言う。 ・質問のグループと答えのグループに分かれてチャンツを言う。	・絵カードを見せながらチャンツを聞かせる。 ・指導者と一緒にジェスチャー付きでチャンツを言うように言う。 ・質問グループ、答えグループに分かれ会話でチャンツする。	DVD (Hi friends より) コンピュータ
○Let's find your friend's Robot! <準備> ・ワークシートに自分のロボットの絵とロボットができること・できないことを書く。 <活動中> ・自分の持っているロボットカードが誰のものかを、できること・できないことを尋ねながら探す。	→Let's find my friend's ROBOT!の Pre-Task 参照 ・色々なロボットの写真を提示し、それらのロボットができることを確認する。 ・自分ができないことをできるロボットをワークシートに描き児童に紹介をする。 →Let's find my friend's ROBOT!の Task 参照 ・自分ができないこともできるロボットを想像させ、ワークシートの準備をする。 ・追加したい新しい動作表現を児童に尋ねる。 ・児童にワークシートの準備をさせる。 ・児童のワークシートを半分に切り回収する。 ・活動のデモンストレーションを見せる。 ・児童にワークシートの半分(誰のロボットかな?の部分)を配る。 ・児童と一緒に活動する。 （児童 1,2) Hello. （児童 1) Can you swim? ↓　　→ （児童 2)Yes I can.　（児童 2)No, I can't./I don't know. （児童 1)質問を続ける　（児童 1)Thank you. 　　　　　　　　　　（児童 1,2) Bye ・活動が終わった児童に自分のロボットを紹介させる。	色々なロボットの写真 (提示用) ワークシート はさみ 色鉛筆
振り返り 挨拶	・児童の英語を使おうとする態度でよかったこところをほめる。 ・挨拶をする。	

参考文献

Canale, M. c& Swain, M. (1980). Theoretical bases of communicative approaches to second language teaching and testing. *Applied Linguistics, 1* (1), 1-47.

Curtain, H. I. & Dahlberg, C. A. (2003). *Languages and children: Making the match* (3rd ed.). Boston: Allyn & Bacon.

Ellis, G. and Brewster, J. (2014). *Tell it again! The storytelling handbook for primary English language teachers.* British Council. http://www.teachingenglish.org.uk/

Ellis, R. (2008). T*he study of second language acquisition* (2nd ed.). Oxford: Oxford University Press.

Lee, J. F. & VanPatten, B. (2003). *Making communicative language teaching happen* (2nd ed.). New York: McGraw-Hill.

Moser, J., Harris, J., & Carle, J. (2010). Improving teacher talk through a task-based approach. *ELT Journal, 66* (1), 81-86.

Phillips, S. (2001) *Young learners.* Oxford: Oxford University Press.

Savignon, S. J. (1997). *Communicative competence: Theory and classroom practice* (2nd ed.). New York: The McGrow-Hill Companies, Inc.

Scott, W. A. & Ytreberg, L. H. (1990). *Teaching English to children.* Longman.

Slattery, M. & Willis, J. (2002). *English for primary teachers.* Oxford: Oxford University Press.

Willis, J. (1996). *A framework for task-based learning.* Essex, England: Pearson Education Limited.

草野、佐藤、田中 (2016).「コミュニケーション能力：外国語教育の理論と実践」(増補新版)（Savignon, 1997, Communicative competence: Theory and classroom practice の翻訳）法政大学出版局

出 典

Beall, P. C. & Nipp, S. H. (1977). *Wee sing–Children's Songs and Fingerplays.* Price Stern Sloan.

Graham, C. (1979). *Jazz chants for children.* Oxford: Oxford University Press *Super Simple Songs.* Super Simple Learning.

松香、宮 (2000). *Songs and chants.* mpi（松香フォニックス）

英語が好きな子供を育てる
魔法のタスク
～小学校英語のために～

2018年2月28日　第1刷発行
2020年9月15日　第2刷発行

編　著　　佐藤一嘉
　　　　　矢後智子

発行者　　亀山郁夫
発行所　　名古屋外国語大学出版会
　　　　　420-0197　愛知県日進市岩崎町竹ノ山57番地
　　　　　電話　0561-74-1111（代表）
　　　　　http://www.nufs.ac.jp

イラスト　あーとすぺっく
本文デザイン・組版・印刷・製本　株式会社荒川印刷

ISBN　978-4-908523-10-6